科学版精品课程立体化教材·管理学系列

会计学原理习题、案例与解答

潘 琰　袁寒松 主编

科学出版社
北　京

内 容 简 介

《会计学原理习题、案例与解答》是为国家精品课教材《会计学原理》（潘琰主编，科学出版社2011年版）的配套教学而编写的。按照主教材《会计学原理》的章目编排，本书共分15章，每章包括重要名词、选择题（含单选和多选）、判断题、练习题、案例分析、思考题等几大类型，章后还附有参考答案。

本书适用于各大院校学习《会计学原理》（或"初级会计学"、"基础会计学"、"会计学基础"）课程的师生，以及参加高校研究生入学考试复习会计学考试科目的考生使用。对于参加会计人员培训、会计职称考试、其他相关会计科目自学者来说，也是一本很好的学习资料。

图书在版编目(CIP)数据

会计学原理习题、案例与解答/潘琰，袁寒松主编. —北京：科学出版社，2013

科学版精品课程立体化教材. 管理学系列

ISBN 978-7-03-038030-2

Ⅰ. ①会… Ⅱ. ①潘… ②袁… Ⅲ. ①会计学–高等学校–题解 Ⅳ. ①F230-44

中国版本图书馆CIP数据核字(2013)第136054号

责任编辑：张 宁 宫 婕／责任校对：李 影
责任印制：阎 磊／封面设计：蓝正设计

科学出版社 出版
北京东黄城根北街16号
邮政编码：100717
http://www.sciencep.com

文林印务有限公司 印刷
科学出版社发行 各地新华书店经销

*

2013年8月第 一 版　开本：787×1092 1/16
2018年9月第十一次印刷　印张：6 1/2
字数：155 000

定价：19.00元
（如有印装质量问题，我社负责调换）

序 言

本书是与《会计学原理》(潘琰主编,科学出版社 2011 年版)配套的辅助学习资料。在体系结构的编排、各章题型选择、内容提炼、业务题、案例分析和思考题的设计等方面均进行了精心的考虑,并与主教材保持一致,希望帮助读者在较短的时间内进一步明确《会计学原理》各章的重点难点,巩固所学知识,学习并掌握会计学基本概念、基本理论和基本方法的具体应用,及时澄清常见的疑惑,避免一些易犯的错误。

从内容方面看,本书包括:第一章会计学的十大原理,第二章像会计专家那样思考,第三章会计职业道德与企业伦理,第四章会计事项、会计要素与会计恒等式,第五章账户与复式记账,第六章会计凭证与会计账簿,第七章期末账项调整与试算平衡表,第八章内部控制,第九章会计系统中的内部控制,第十章财产清查,第十一章账务处理程序与会计信息化,第十二章会计循环,第十三章财务报告,第十四章会计信息的分析与利用,第十五章会计规范。从题型上看,既包含了重要名词、选择题(含单选题和多选题)、判断题、练习题,还包括案例分析和思考题,共有七大类型。其中,重要名词是对课程主要概念的提炼;选择题、判断题和练习题是对课程内容掌握情况的测试;案例分析是将课程内容灵活应用于实践的初探;思考题则是对课程主要内容理解程度的进一步引导和考察。另外,为了便于读者检验正误,对学习效果进行自我评估,每章之后还附有参考答案。

本书是福州大学国家精品课程"会计学原理"教学团队长期以来在教学资源建设方面的积累和总结的成果之一,由潘琰、袁寒松担任主编,潘琰、袁寒松、孙思思和郑明琼编撰,若有疏漏与不妥,欢迎广大读者批评指正。

潘 琰

2013 年 7 月于福州大学

目 录

序言

第一章	会计学的十大原理	1
第二章	像会计专家那样思考	5
第三章	会计职业道德与企业伦理	10
第四章	会计事项、会计要素与会计恒等式	14
第五章	账户与复式记账	21
第六章	会计凭证与会计账簿	30
第七章	期末账项调整与试算平衡表	37
第八章	内部控制	44
第九章	会计系统中的内部控制	51
第十章	财产清查	58
第十一章	账务处理程序与会计信息化	64
第十二章	会计循环	71
第十三章	财务报告	81
第十四章	会计信息的分析与利用	89
第十五章	会计规范	94

第一章

会计学的十大原理

一、重要名词

会计　信息不对称　机会成本　边际收益（成本）　激励　会计确认　财务信息　非财务信息　会计信息质量标准　实质重于形式　资产　负债　所有者权益　会计恒等式　复式记账法　收付实现制　权责发生制　财务报告　资产负债表　利润表　现金流量表　会计经济后果

二、选择题（包括单选和多选）

1. 会计具有的基本特征包括（　　）。
   A. 以货币为主要计量单位
   B. 具有核算和监督的基本职能
   C. 拥有一系列专门方法
   D. 会计的本质就是管理活动

2. 下列属于会计功能的有（　　）。
   A. 实施会计监督
   B. 预测经济前景
   C. 参与经济决策
   D. 评价经营业绩

3. 会计期间一般分为（　　）。
   A. 年度
   B. 半年度
   C. 季度
   D. 月度

4. 本期收到上月销售产品的货款存入银行，是否应当作为本期的收入，下列说法正确的有（　　）。
   A. 收付实现制下，应当作为本期收入
   B. 收付实现制下，不能作为本期收入
   C. 权责发生制下，不能作为本期收入
   D. 权责发生制下，应当作为本期收入

5. 下列各项会计核算中，以会计恒等式为理论依据的有（　　）。
   A. 复式记账
   B. 成本计算
   C. 财产清查
   D. 试算平衡
   E. 会计报表

6. 通过会计核算可以满足下列会计信息使用者需要的有（　　）。
   A. 企业经济效益
   B. 宏观调控
   C. 投资者决策
   D. 经营管理

E. 编制会计报表

7. 外部信息使用者了解单位会计信息最主要的途径是（   ）。
   A. 账簿　　　　　　　　　　　B. 财产清查
   C. 会计凭证　　　　　　　　　D. 财务报告

8. 下列项目中，属于资产的是（   ）。
   A. 购入的某项专利权　　　　　B. 经营租入的设备
   C. 已销售对方未提走的商品　　D. 计划购买的某项设备

9. 企业会计信息的外部使用者包括（   ）。
   A. 股东　　　　　　　　　　　B. 债权人
   C. 经理　　　　　　　　　　　D. 政府

10. 假定某机器设备原来生产产品 X，利润为 200 元，现在改为生产产品 Y，所花费的人工、材料费为 1000 元，则生产产品 Y 的机会成本是（   ）。
    A. 1200 元　　　　　　　　　B. 200 元
    C. 1000 元　　　　　　　　　D. 800 元

11. 财务核算的"八部曲"，也就是指会计核算的八个基本步骤，主要包括（   ）。
    A. 会计凭证、会计科目　　　　B. 成本计算、试算平衡
    C. 财务报告、财务分析　　　　D. 开设账户、复式记账
    E. 财产清查、财务报告　　　　F. 期末账项调整、试算平衡

三、判断题

1. 会计是人类社会发展到一定历史阶段的产物，它起源于生产实践，是为管理生产活动而产生的。　　　　　　　　　　　　　　　　　　　　　　　　（   ）
2. 货币度量是会计唯一的计量单位。　　　　　　　　　　　　　　（   ）
3. 会计恒等式在任何一个时点上都是平衡的。　　　　　　　　　　（   ）
4. 会计可以通过对会计资料的分析预测未来，提供对决策有用的信息，参与经营决策。　　　　　　　　　　　　　　　　　　　　　　　　　　　　（   ）
5. 财务报表反映的是一个企业某个时点的财务状况和现金流量，以及某个时期的经营成果。　　　　　　　　　　　　　　　　　　　　　　　　　　　（   ）
6. 由于经济活动的复杂性和不确定性，在会计工作中存在许多的估计和判断，有时并不能真实反映相关会计信息。　　　　　　　　　　　　　　　　　（   ）
7. 可选择性会计政策的存在使得会计信息具有经济后果。　　　　　（   ）

四、练习题

资料：A 公司 201×年 4 月份发生如表 1-1 中的经济业务。

表 1-1　A 公司 201×年 4 月份发生的经济业务　　　　　　　　（单位：元）

经济业务	权责发生制		收付实现制	
	收入	费用	收入	费用
1. 支付本月购买的办公用品 100 元				
2. 预付下季度保险费 740 元				
3. 本月负担的房屋租金 800 元，款项尚未支付				

续表

经济业务	权责发生制		收付实现制	
	收入	费用	收入	费用
4.由本月负担，但尚未支付的借款利息90元				
5.支付上月负担的水电费550元				
6.计提本月的设备折旧费860元				
7.预收尚未提供服务的款项500元				
8.收到上月提供劳务收入320元				
9.本月销售商品，并收到货款2500元				
10.销售商品980元，货款尚未收到				
合　　计				

要求：根据权责发生制和收付实现制，分别确定本月的收入和费用，并填入表格内。

五、案例分析

在一次毕业后的同学聚会上，热衷炒股的几位同学在一起讨论股票，当谈到在股市中应当如何操作时，大家的见解各不相同，这些观点可以归纳为以下四种：

1. 喜欢跟着感觉走，感觉哪只股票可能会涨时就买进，感觉手头的股票可能会跌时就抛出该股票。

2. 喜欢随大流，周围的人买什么股票，就跟着买，或者最近什么板块和股票热门，就买什么股票。

3. 喜欢在选择股票时收集各种信息，主要是一些宏观政策方面的信息，但是对于公司的财务信息则关注很少。

4. 喜欢在选择股票时参考有关上市公司的财务信息。

请问：如果你也参与他们的讨论的话你会支持哪种观点，并说出你的理由。

六、思考题

1. 会计是什么？谈谈你对会计的认识。
2. 你认为会计存在的主要原因是什么？
3. 为什么说经济生活中所面临的根本问题是如何最好地利用分散在社会中的不同信息的问题？
4. 你是如何理解"逆向选择"和"道德风险"的？
5. 会计的主要应用领域有哪些？
6. 企业会计的目标是什么？你是如何理解会计目标与企业目标之间的关系的？
7. 会计信息具有哪些特征？
8. 会计信息的使用者有哪些，会计师是如何帮助人们进行决策的？
9. 会计学的十大原理的内容是什么，它给予我们哪些启示？

第一章 参考答案

一、重要名词 （略）

二、选择题

1.ABCD 2.ABCD 3.ABCD 4.AC 5.ADE 6.BCD 7.D 8.A 9.ABD 10.B
11.ABDE

三、判断题

1.√ 2.× 3.√ 4.√ 5.× 6.× 7.√

四、练习题

表1-1 A公司201×年4月份发生的经济业务 （单位：元）

经济业务	权责发生制 收入	权责发生制 费用	收付实现制 收入	收付实现制 费用
1.支付本月购买的办公用品100元		100		100
2.预付下季度保险费740元				740
3.本月负担的房屋租金800元，款项尚未支付		800		
4.由本月负担，但尚未支付的借款利息90元		90		
5.支付上月负担的水电费550元				550
6.计提本月的设备折旧费860元		860		
7.预收尚未提供服务的款项500元			500	
8.收到上月提供劳务收入320元			320	
9.本月销售商品，并收到货款2500元	2500		2500	
10.销售商品980元，货款尚未收到	980			
合　计	3480	1850	3320	1390

五、案例分析

结合本章所学知识，言之有理即可。

第二章

像会计专家那样思考

一、重要名词

会计环境　归纳法　演绎法　实证研究　规范研究　会计主体假设　持续经营假设　会计分期假设　货币计量假设　资金运动　会计循环　财务会计　管理会计　会计目标　会计信息质量特征　会计核算

二、选择题（包括单选和多选）

1. 会计所使用的主要计量尺度是（　　）。
    A. 实物量度　　　　　　　　B. 货币量度
    C. 劳动量度　　　　　　　　D. 实物和货币量度
2. 会计的一般对象可以概括为（　　）。
    A. 经济活动　　　　　　　　B. 管理活动
    C. 生产活动　　　　　　　　D. 企业的资金运动
3. 下列各项中，不属于工业企业资金的循环与周转阶段的是（　　）。
    A. 供应过程　　　　　　　　B. 生产过程
    C. 销售过程　　　　　　　　D. 分配过程
4. 资金循环过程中资金的形态包括（　　）。
    A. 储备资金　　　　　　　　B. 生产资金
    C. 产品资金　　　　　　　　D. 货币资金
5. 会计基本假设包括（　　）。
    A. 会计主体　　　　　　　　B. 持续经营
    C. 会计分期　　　　　　　　D. 货币计量
6. 会计主体假设规定了会计核算的（　　）。
    A. 时间范围　　　　　　　　B. 空间范围
    C. 成本开支范围　　　　　　D. 期间费用范围
7. 根据正常的经营方针和既定的经营目标持续经营下去的会计假设是（　　）。
    A. 会计主体　　　　　　　　B. 持续经营
    C. 会计分期　　　　　　　　D. 货币计量
8. 下列关于会计基本假设的说法正确的包括（　　）。
    A. 货币计量前提包括币值不变这一假定

B. 会计核算应当以企业持续、正常的生产经营活动为前提
C. 法人可作为会计主体，但会计主体不一定是法人
D. 所谓会计分期，就是将企业的经营活动人为划分成若干个时间间隔

9. 下列各项中，作为会计分期基础的是（　　）。
   A. 会计主体　　　　　　　B. 持续经营
   C. 货币计量　　　　　　　D. 权责发生制

10. 在会计核算中，产生权责发生制和收付实现制两种不同的记账基础所依据的会计基础假设是（　　）。
    A. 会计主体　　　　　　　B. 持续经营
    C. 会计分期　　　　　　　D. 货币计量

11. 下列各项目中，符合会计主体假设的有（　　）。
    A. 某厂的会计资料仅记录本厂的经济业务
    B. 某厂的会计资料除记录本厂的经济业务以外，还记录其所有者的私人财务活动
    C. 某厂的会计人员拒绝把厂长个人的开支列入企业的账本中
    D. 某厂的会计人员除办理本厂的经济业务以外，还办理本厂税务专管员私自旅游的费用报销业务

12. 会计核算是指会计以货币为主要计量单位，通过（　　）等环节，对特定主体的经济活动进行记账、算账、报账，为各有关方面提供会计信息的功能。
    A. 确认　　　　　　　　　B. 计量
    C. 记录　　　　　　　　　D. 报告

13. 会计专家可以提供的咨询主要有以下几种：（　　）。
    A. 战略咨询　　　　　　　B. 财务咨询
    C. 企业内部控制咨询　　　D. 其他咨询服务

14. 计提坏账准备的做法体现了（　　）原则。
    A. 配比性　　　　　　　　B. 一贯性
    C. 谨慎性　　　　　　　　D. 相关性

15. 会计核算应以实际发生的交易或事项为依据，如实反映企业财务状况，是符合会计信息质量（　　）的要求。
    A. 谨慎性　　　　　　　　B. 明晰性
    C. 可靠性　　　　　　　　D. 实质重于形式

16. "会计核算应当采用一致的会计政策，不得随意变更。如有变更，应在财务报告中说明理由及其对财务状况和经营成果所造成的影响"依据的原则是（　　）。
    A. 可比性　　　　　　　　B. 及时性
    C. 可理解性　　　　　　　D. 可靠性

17. 下列各项中，属于实质重于形式原则中所指"形式"的是（　　）。
    A. 进行经济活动遵循的法律　　B. 会计核算的一般规律
    C. 交易或事项的形式　　　　　D. 会计核算的法律依据

18. 下列会计信息质量特征要求中，体现及时性的有（　　）。
    A. 及时收集原始凭证　　　　B. 及时处理原始凭证
    C. 及时进行会计处理　　　　D. 及时传递会计信息

19. 从核算效益看，对所有会计事项不分轻重主次和繁简详略，采用完全相同的处理方法，不符合（　　）原则。

A. 重要性　　　　　　　　B. 明晰性
C. 相关性　　　　　　　　D. 谨慎性
20. 不同企业发生的相同或者相似的交易或事项，应当采用规定的会计政策，体现了（　　）要求。
A. 重要性　　　　　　　　B. 可比性
C. 谨慎性　　　　　　　　D. 实质重于形式

三、判断题

1. 企业的环境包括内部环境和外部环境。内部环境如企业的管理制度，外部环境如政治环境。通常，企业内部的环境是企业可控的，而外部环境通常是企业不可控的。（　　）
2. 财务会计信息主要侧重于满足外部信息需求者的信息需求。（　　）
3. 财务会计通常是服务于内部经营管理，而管理会计是服务于外部利益相关者。二者是相互独立的。（　　）
4. 一般情况下，经营收回的货币资金数额大于原先投入数额的部分就是纯收入。（　　）
5. 会计理论与方法体系和社会政治、经济环境有十分密切的联系。（　　）
6. 会计核算的目标只是为会计信息使用者提供决策有用的信息。（　　）
7. 归纳法是一种从个别、特殊的事物推出一般原理和普遍事物的过程，是由"已知真"的前提引出"可能真"的结论。（　　）
8. 规范会计理论的重点是研究"会计是什么"，而实证会计理论的重点是研究"会计应当是什么"。（　　）
9. 会计主体就是法律主体，法人可作为会计主体，会计主体一定是法人。（　　）
10. 会计主体是指经营性企业，不包括行政机关和事业单位。（　　）
11. 会计分期不同，对各期的利润总额不会产生影响。（　　）
12. 我国的会计年度为公历1月1日起至12月31日止。（　　）
13. 货币计量包含着币值稳定的假设。（　　）
14. 会计处理中会计期间的划分是企业的自然现象，而不是人为的假设。（　　）
15. 在历史成本计量下，资产按照购置时支付的现金或现金等价物的金额，或者按照购置资产时所付出的对价的公允价值计量。（　　）
16. 为了保证会计信息的可比性，企业一旦选用某一种会计程序和方法，就不应改变。（　　）
17. 会计核算的完整性是指对所有的能以货币计量的经济活动都要进行确认、计量、记录、报告。（　　）
18. 会计信息质量特征中的可靠性和相关性是相互矛盾的，二者不能兼得。（　　）
19. 谨慎性原则是指在会计核算中应尽量低估企业的资产和可能发生的损失、费用。（　　）
20. 坚持可比性原则，可以防止某些单位和个人随意利用会计方法的变动，人为地调节成本和利润等指标，粉饰企业的财务状况和经营成果。（　　）
21. 在实际工作中，交易或事项的外在形式和人为形式完全能反映其实质内容，这就是实质重于形式的含义所在。（　　）
22. 作为一名会计人员，主要是专业能力水平要求比较高，不需要太博学。（　　）

四、练习题

1. 下面左右两边各有一些概念，要求将两边相关的内容用线连接起来：

① 会计对象　　　　　　A 持续经营
② 会计任务　　　　　　B 管理活动
③ 会计假设　　　　　　C 资金运动
④ 会计原则　　　　　　D 谨慎性
⑤ 会计本质　　　　　　E 货币
⑥ 会计计量单位　　　　F 提供会计信息
⑦ 会计要素　　　　　　G 利润表
⑧ 会计报表　　　　　　H 资产

2. 某咨询公司是由李某和王某合伙创建的，最近发生了下列经济业务，并由会计做了相应的处理。

（1）3月8日，李某从出纳处取了现金1000元给自己的爱人购买礼物，会计将1000元记为公司的办公费支出，理由是：李某是公司的合伙人，公司的钱也有李某的一部分。

（2）国家规定公司必须于每年的4月底前公布上一年的年报，但是该公司一直到5月份还没有对外公布公司上一年的年报。

（3）7月16日，公司收到某外资企业支付的业务咨询费2000美元，会计没有将其折算为人民币反映，而是直接记到美元账户中（该公司主要业务是人民币业务）。

（4）8月31日，计提固定资产折旧，采用直线法，而这之前采用的是年数总和法。

（5）9月30日，预付下季度报刊费300元，会计将其作为9月份的管理费用处理。

（6）10月20日，公司由于资金困难从B公司融资租入了一台设备，公司认为其不是自己的设备，所以未对其进行入账。

（7）12月31日，公司预计一笔B公司的"应收账款"100 000元，由于对方财务困难可能会收不回来，但公司没有对之计提"坏账准备"。

（8）期末，李某和王某发现本年的利润还可以，但是也意味着要交不少税，于是让会计人员在账面上多列一些根本没有发生的费用支出，以降低利润达到少交税的目的。

要求：指出该咨询公司会计人员处理经济业务中的不正确之处，并说明其违背了哪些原则、假设和会计确认基础？

五、思考题

1. 请谈谈你如何理解会计与环境的关系。
2. 你认为研究会计理论的作用是什么？
3. 请简要说明规范会计研究与实证会计研究有何不同。
4. 你认为经济环境对会计基本假设产生了怎样的影响？
5. 请谈谈你对会计咨询工作的理解。
6. 请谈谈你是如何看待会计政策问题的。
7. 你怎样理解和认识会计目标？
8. 可靠性和相关性孰轻孰重？
9. 你眼中的会计工作是什么？请谈谈你的心得。
10. 学习本章之后，你是否了解了会计专家们的工作和思考方式？请谈谈自己的感想。

第二章　参考答案

一、重要名词　（略）

二、选择题

1.B　2.D　3.D　4.ABCD　5.ABCD　6.B　7.B　8.ABC　9.B　10.C　11.AC　12.ABCD　13.ABCD　14.C　15.C　16.A　17.D　18.ABCD　19.A　20.B

三、判断题

1.√　2.√　3.×　4.×　5.√　6.×　7.√　8.×　9.×　10.×　11.×　12.√　13.√　14.×　15.√　16.×　17.√　18.×　19.×　20.√　21.×　22.×

四、练习题

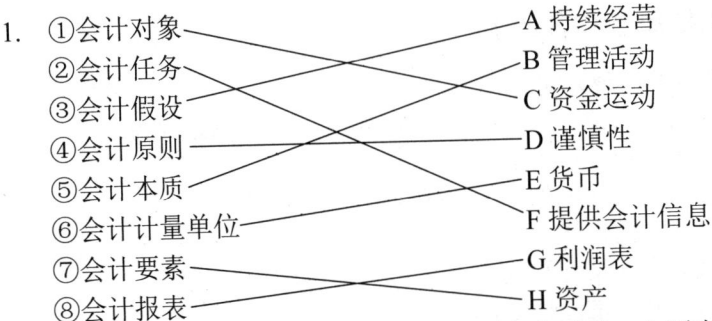

1. ①会计对象 —— C 资金运动
　①会计任务 —— F 提供会计信息
　③会计假设 —— A 持续经营
　④会计原则 —— D 谨慎性
　⑤会计本质 —— B 管理活动
　⑥会计计量单位 —— E 货币
　⑦会计要素 —— H 资产
　⑧会计报表 —— G 利润表

2. 该公司的会计人员在处理经济业务时不完全正确，主要表现如下：

（1）李某从公司取钱用于私人支出，不属于公司业务，不能作为公司的办公费支出。这里，会计人员违背了会计主体假设。

（2）公司未在规定时间内对外公布报表，违背了及时性原则。

（3）我国有关法规规定，企业应以人民币作为记账本位币，但企业业务收支以外币为主的，可以选用某种外币作为记账本位币。该公司主要业务为人民币业务，所以应该以人民币为记账本位币，因此将收入直接以美元记账违背了货币计量假设。

（4）计提折旧时前后各期采用不同的会计计算方法，该处理违背了可比性原则。

（5）预付报刊费，应在受益期间摊销，不能直接计入支付当期的费用，该处理违背了权责发生制确认基础。

（6）对于融资租入设备，虽然公司对其不拥有所有权，但是实质上其所有的风险和报酬都已经转移到该公司，公司未对其进行入账违背了实质重于形式原则。

（7）按照谨慎性原则，应对应收账款（尤其是很有可能收不回来的账款）计提坏账准备，但该公司未提，违背了谨慎性原则。

（8）该公司为了逃税而做假账，违背了客观性原则。

五、思考题　（略）

第三章

会计职业道德与企业伦理

一、重要名词

道德　　会计本质　　伦理困境　　会计职业道德　　正直　　客观　　专业胜任能力　　谨慎　　保密　　会计法律　　企业伦理

二、选择题（包括单选和多选）

1. 人类社会约束世界的两种方式是（　　）。
   A. 法律　　　　B. 道德　　　　C. 规范　　　　D. 制度
2. 下列关于职业道德的说法正确的是（　　）。
   A. 职业道德大多没有实质的约束力和强制力
   B. 职业道德通过员工的自律来实现
   C. 职业道德承载着企业文化和凝聚力
   D. 职业道德是人为规定的一些规范。
3. 对于会计人员而言，遵守职业道德需要把握以下几个重要的原则（　　）。
   A. 正直　　　　B. 客观　　　　C. 保密　　　　D. 为公众利益服务
   E. 专业胜任能力和应有的谨慎
4. 会计人员在工作中要保持诚实、不偏不倚、实事求是，这是会计职业道德中（　　）的具体体现。
   A. 客观　　　　B. 正直　　　　C. 保密　　　　D. 谨慎
5. 会计法律制度是会计职业道德的（　　）。
   A. 最高要求　　B. 较高要求　　C. 一般要求　　D. 最低要求
6. （　　）可以配合国家法律制度，调整职业关系中的经济利益关系，维护正常的市场经济秩序。
   A. 会计职业教育　　　　　　B. 会计职业修养
   C. 会计职业纪律　　　　　　D. 会计职业道德
7. 会计职业道德与会计法律制度的联系主要体现在（　　）。
   A. 两者有着共同目标、相同的调整对象
   B. 两者在实施过程中相互作用、相互促进
   C. 两者在作用上相互补充
   D. 两者在内容上相互渗透、相互重叠、相互吸收

8. 会计职业道德与会计法律制度的区别主要包括（   ）。
   A. 性质不同
   B. 实现形式不同
   C. 作用范围不同
   D. 保障机制不同
9. 下列行为属于违法的会计职业行为的是（   ）。
   A. 隐匿和故意销毁依法应当保存的凭证、账簿和报表的行为
   B. 伪造和变造凭证、账簿和报表的行为
   C. 违反单位监督规则的行为
   D. 违反单位会计核算规则的行为
10. 下列行为属于会计活动中的不道德行为的是（   ）。
    ①做假账   ②软敲诈   ③杠杆收购   ④不道德融资   ⑤不道德投资
    A. ①②   B. ②③④   C. ①   D. ①②③④⑤
11. 以下属于企业伦理范畴的是（   ）。
    A. 产品质量   B. 社会慈善
    C. 安全生产   D. 资源节约
12. 会计职业道德主要依靠会计从业人员的自觉性，并依靠社会舆论和良心来实现，具有（   ）。
    A. 自律性   B. 他律性   C. 强制性   D. 法律性
13. 下列各项中，不属于会计职业道德教育意义的是（   ）。
    A. 通过教育，可以培养会计人员会计职业道德情感
    B. 通过教育，可以树立会计职业道德信念
    C. 通过教育，可以形成有计划、有组织的道德教育活动
    D. 通过教育，可以提高会计职业道德水平
14. 下列各项中，属于在研究制定会计职业道德标准时，应当重点考虑的因素有（   ）。
    A. 要遵循会计人员自身道德的要求
    B. 要结合我国会计法律法规的要求
    C. 要遵循我国全民道德建设的要求
    D. 要体现我国会计事业发展的要求

三、判断题

1. 会计职业道德属于会计人员行为规范的范畴，而会计法律制度则不属于会计人员行为规范的范畴。（   ）
2. 市场经济需要道德，需要个人在自利的同时也保持对他人权利和公共规则的尊重。（   ）
3. 会计行为的规范化主要依赖于会计人员的道德信念和道德品质。（   ）
4. 会计职业道德与会计法律制度相互渗透、相互重叠，会计人员违反会计职业道德要求的行为必然也是违反会计法律制度的行为。（   ）
5. 对于会计师而言，他们首要的职业道德原则就是为公众利益服务。（   ）
6. 会计师在任何情况下都不能披露客户或雇佣单位的泄密信息。（   ）
7. 企业的经营活动应该基于以"共生"和"人的尊严"为基点的伦理观念。（   ）
8. 当人们遇到既有理由做某事，又有理由不做某事时，往往陷入伦理困境。（   ）

四、案例分析

1. 假如你是一家企业的管理者，公司面临比较严重的经营困难，你需要一笔现金流入用来开发和营销一种新产品。只要你虚报会计利润，你就能得到贷款，使自己的公司得以维持，同时也保住一些人的工作。当道德遇到生存，你是为了生存而违背诚信原则、虚报利润，还是坚持道德原则？请谈一下你选择的理由。

2. 某公司财务部在一次财会学习的讨论中，大家踊跃发言。小李在谈论会计职业道德的概念时说"会计职业道德是规范从事会计职业的工作人员在社会交往和公共生活中，人与人、个人与社会、人与自然的行为"。老陈在谈到会计职业道德与会计法律制度的关系时说"会计职业道德与会计法律制度只是作用范围不同，但性质和实现形式是一样的"。老孙在谈论会计职业道德教育途径时，认为"应通过会计学历教育进行"。吴部长最后总结说"会计职业道德规范的全部内容归纳起来就是一要廉洁自律，二要强化服务"。

根据会计职业道德的相关内容，分析小李、老陈、老孙和吴部长的观点是否正确？

3. 林克是一家公司的出纳，由于个人急需一笔资金，他想到了单位账户的存款，于是他自己填写了一张票面金额为30 000元的现金支票，然后偷拿了同单位的会计人员小李的印鉴，盖在现金支票上，从银行提取了现金。一个月后，林克又将30 000元现金填写现金缴款单存入单位银行账户。不久，小李在月末对账时发现了此事，并质问林克，但是林克认为他只是暂时急需资金，事后也及时将欠款补交，没有什么大问题。试问：你认为林克的这种做法对吗，为什么？如果你是小李，发现了此事应该如何处理？

五、思考题

1. 什么是道德？会计的本质是什么？为什么会计与道德是相关的？
2. 什么是伦理困境？你能举出一个你所遇到的伦理困境的例子吗？
3. 什么是会计职业道德？
4. 为什么我们要遵循会计职业道德？
5. 会计职业道德的基本原则是什么？
6. 当会计从业人员面临重大道德困境的时候，应采取何种对策？
7. 什么是企业伦理？企业伦理会给企业带来什么？
8. 如何认识企业伦理和利润的关系？

第三章 参考答案

一、重要名词 （略）

二、选择题

1.AB 2.ABC 3.ABCDE 4.AB 5.D 6.D 7.ABCD 8.ABCD 9.ABCD 10.C 11.ABCD 12.A 13.C 14.BCD

三、判断题

1.× 2.√ 3.× 4.× 5.√ 6.× 7.√ 8.√

四、案例分析

1. 结合所学知识，言之有理即可。

2. 提示：小李对会计职业道德的概念认识不够准确，需准确阐述会计职业道德的概念。老陈的观点不正确，在性质上，会计法律具有他律性，会计职业道德具有自律性；在实现形式上，会计法律一般有成文规定，而会计职业道德既有成文规定，也有不成文规定。老孙和吴部长的观点都不够全面，会计职业道德教育途径有很多，应该各种方法全面结合；会计职业道德规范的主要内容除了廉洁自律、强化服务外，还包括爱岗敬业、诚实守信、坚持准则等等。

3. 提示：林克的行为属于挪用公款、公私不分，违背了会计职业道德规范中对于廉洁自律的要求。廉洁自律要求会计人员公私分明、不贪不占、遵纪守法、清正廉洁。如果我是小李，将向单位会计部门负责人（会计主管）报告该行为，由会计部门负责人（会计主管）对林克违反会计职业道德规范的行为进行处理。

五、思考题　（略）

第四章

会计事项、会计要素与会计恒等式

一、重要名词

会计循环　会计交易　会计事项　会计情况　会计要素　资产　负债　所有者权益　收入　费用　利润　会计科目　会计账户　会计恒等式

二、选择题（包括单选和多选）

1. 以下工作属于会计循环程序之一的有（　　）。
   A. 编制与审核会计凭证　　　　B. 调整与结账
   C. 编制与审核原始凭证　　　　D. 财务报告审计

2. （　　）是指企业外部环境的变化对企业的相关会计要素造成的影响，如汇率变化、市价的变动使企业资产发生减值等影响。
   A. 经济业务　　　　　　　　　B. 会计交易
   C. 会计事项　　　　　　　　　D. 会计情况

3. 会计要素是对（　　）的基本分类。
   A. 会计核算　　　　　　　　　B. 会计科目
   C. 会计对象　　　　　　　　　D. 会计主体

4. （　　）是指过去的交易、事项形成并由企业拥有或者控制的资源，该资源预期会给企业带来经济利益。
   A. 资产　　　　　　　　　　　B. 负债
   C. 所有者权益　　　　　　　　D. 收入

5. 下列不属于负债的是（　　）。
   A. 待摊费用　　　　　　　　　B. 长期借款
   C. 短期借款　　　　　　　　　D. 预提费用

6. 下列不属于所有者权益的是（　　）。
   A. 股本　　　　　　　　　　　B. 实收资本
   C. 资本公积　　　　　　　　　D. 主营业务收入

7. 下列不属于费用的是（　　）。
   A. 管理费用　　　　　　　　　B. 财务费用
   C. 营业费用　　　　　　　　　D. 待摊费用

8. 下列属于资产类科目的是（　　）。

A. 预收账款 B. 实收资本
C. 应收账款 D. 预提费用
9. 收入按其性质的不同，可以分为（　　）。
   A. 政府补助收入 B. 提供劳务收入
   C. 销售商品收入 D. 让渡资产使用权收入
10. 所有者权益通常划分为（　　）等项目。
    A. 未分配利润 B. 资本公积
    C. 盈余公积 D. 实收资本
11. 会计科目是对（　　）的具体内容进行分类核算的项目。
    A. 会计对象 B. 会计账户
    C. 经济业务 D. 会计分录
12. 会计科目按其所提供信息的详细程度及其统驭关系不同，分为（　　）科目。
    A. 成本类 B. 总分类
    C. 损益类 D. 明细分类
13. 下列属于总分类科目的有（　　）。
    A. 银行存款 B. 甲材料
    C. 应收账款 D. 长期借款
14. 账户是根据（　　）开设的，用来连续、系统地记载各项经济业务的一种手段。
    A. 会计对象 B. 会计科目
    C. 会计凭证 D. 财务指标
15. 在实际工作中，会计科目设置必须遵循一定的原则，包括（　　）。
    A. 统一性和灵活性相结合
    B. 通俗易懂、简明适用
    C. 相对稳定、易于扩展
    D. 满足企业内部和外部信息使用者的需要
16. 企业向银行借入款项，表现为（　　）。
    A. 一项资产减少，一项负债减少
    B. 一项资产减少，一项负债增加
    C. 一项资产增加，一项负债减少
    D. 一项资产增加，一项负债增加
17. 经济业务对会计等式的影响存在以下几种情况（　　）。
    A. 资产与权益同时增加 B. 资产之间有增有减
    C. 所有者权益与负债同时增加 D. 资产与权益同时减少
18. 下列各项中，仅引起所有者权益内部有关项目此增彼减的经济业务是（　　）。
    A. 经批准，将资本公积金40万元转为实收资本
    B. 向银行借入为期3年的贷款400万元存入银行
    C. 政府捐赠卡车10辆，价值200万元
    D. 以银行存款2万元购入复印机一台

三、判断题

1. 会计事项是指发生在两个不同会计主体之间的经济事项，它会使企业资产、负债、所有者权益、收入、费用、利润等要素发生增减变化。（　　）

2. 在我国会计实务中,习惯上把会计交易、会计事项和情况统称为"经济业务"。
（   ）
3. 账户记录试算不平衡,说明记账肯定有差错。（   ）
4. 记账也称"过账",就是将记账凭证上的每一笔分录的借项和贷项金额转登到相应的账户中去。（   ）
5. 根据企业会计准则的规定,企业会计要素包括资产、负债、所有者权益、收入、费用和利润六大要素,其中资产、负债和所有者权益是反映企业经营成果的要素;而收入、费用和利润则是反映企业财务状况的要素。（   ）
6. 费用与成本是既有联系又有区别的两个概念,费用与特定计量对象相联系,而成本则与特定的会计期间相联系。（   ）
7. 只要是企业拥有或控制的资源就可以确认为资产。（   ）
8. 负债是企业过去交易或事项形成的,预期会导致企业经济利益流出企业的未来义务。（   ）
9. 确定了收入要素和费用要素的数量,也就确定了利润要素的数量。（   ）
10. 会计科目与会计账户是同义词,两者没有什么区别。（   ）
11. 会计科目应根据经济业务的特点设置。（   ）
12. 所有的账户都是依据会计科目开设的。（   ）
13. 明细账是根据明细分类科目设置的,明细账提供明细核算资料和指标,是对其总分类账资料的具体化和补充说明。（   ）
14. 由于"累计折旧"账户贷方记录增加,借方记录减少,所以属于负债类账户。
（   ）
15. 所有总分类账户均应设置明细分类账户。（   ）
16. 明细分类账户的名称、核算内容及使用方法通常是统一制定的。（   ）
17. 在实际工作中,企业每天发生的经济业务十分复杂,但无论其引起会计要素如何变动,都不会破坏资产与权益的恒等关系。（   ）
18. 所有经济业务的发生都会引起会计恒等式两边发生变化,但不破坏会计恒等式。
（   ）

四、练习题

1. 招商旅行社2011年10月发生下列经济业务：
（1）投资者投入1 000 000元存入银行。
（2）租入一办公室,预付一年的租金30 000元。
（3）用银行存款购买办公用品3000元。
（4）从银行提取3000元的现金备用。
（5）购买20 000元的办公设备,款未付。
（6）本月服务收入收到现金25 000元,另外5000元未收。
（7）支付本月水电费2000元。
（8）结算本月应付工资4000元。

根据上述经济业务,在会计等式两边填入增减符号和相应的金额,并核对等式两边是否相等（见下表）。

第四章 会计事项、会计要素与会计恒等式

业务	资产	=	负债	+	所有者权益+（收入–成本或费用）
业务 1	+1 000 000				+1 000 000
业务 2					
业务 3					
业务 4					
业务 5					
业务 6					
业务 7					
业务 8					
合计					

（9）划分下列会计科目（会计科目属于哪一类就在适当栏内用"√"表示）。

会计科目	资产类	负债类	所有者权益类	成本类	损益类
银行存款					
实收资本					
原材料					
制造费用					
应付账款					
应收账款					
生产成本					
库存商品					
主营业务收入					
主营业务成本					
短期借款					
固定资产					
累计折旧					
财务费用					
库存现金					
利润分配					
盈余公积					
管理费用					
长期待摊费用					

（10）某产品制造企业 2010 年 12 月底的财务状况如下：

①出纳处存放现金 1500 元。
②存放在银行里的款项共计 1 248 500 元。
③向银行借入 6 个月期限的借款 700 000 元。
④仓库中存放的原材料 300 000 元。
⑤仓库中存放的已完工产品 50 000 元。

⑥向银行借入 3 年期限的借款 2 000 000 元。
⑦厂房及房屋等建筑物 3 000 000 元。
⑧应收外单位的货款 250 000 元。
⑨应付给外单位的材料款 150 000 元。
⑩所有者投入的资本 2 000 000 元。
判断上列各项的科目名称及所属要素，填入下表：

序号	会计科目	资产	负债	所有者权益
1	库存现金	1500		
2				
3				
4				
5				
6				
7				
8				
9				
10				
总计				

五、案例分析

某老师在讲了调整账户以后，让大家说说对调整账户的认识。甲同学说，调整账户与被调整账户在反映经济内容上的关系是：附加调整账户与被调整账户反映的经济内容相同，调减账户与被调整账户反映的经济内容不相同。乙同学说，调减账户与被调整账户登账方向相反，因此它们不属同一性质的账户。如"应收账款"是资产类账户，其调减账户"坏账准备"是负债类账户。请判断上述两位同学的说法正确吗？并说明理由。

六、思考题

1. 会计要素与会计科目是什么关系？
2. 为什么会计恒等式是设置账户、复式记账和编制会计报表的基本依据？
3. 会计循环步骤是什么？
4. 会计要素之间存在哪些数量上的关系？
5. 什么是经济业务？什么是会计交易、会计事项和情况？
6. 会计科目与会计账户有什么区别与联系？

第四章 参考答案

一、重要名词 （略）

二、选择题

1.ABC 2.D 3.C 4.A 5.A 6.D 7.D 8.C 9.BCD 10.ABCD
11.A 12.BD 13.ACD 14.B 15.ABCD 16.D 17.ABD 18.A

三、判断题

1.× 2.√ 3.√ 4.√ 5.× 6.× 7.× 8.× 9.√ 10.× 11.√ 12.√ 13.√
14.× 15.× 16.× 17.√ 18.×

四、练习题

1.（1）（2）（3）（4）（5）（6）（7）（8）

业务	资产	=	负债	+	所有者权益+（收入–成本或费用）
业务1	+1 000 000				+1 000 000
业务2	–30 000+30 000				
业务3	–3 000				–3 000
业务4	+3 000–3 000				
业务5	+20 000		+20 000		
业务6	+25 000+5 000				+30 000
业务7	–2 000				–2 000
业务8			+4 000		–4 000
合计	1 045 000	=	24 000	+	1 000 000 +（30 000–9 000）

（9）

会计科目	资产类	负债类	所有者权益类	成本类	损益类
银行存款	√				
实收资本			√		
原材料	√				
制造费用				√	
应付账款		√			
应收账款	√				
生产成本				√	
库存商品	√				
主营业务收入					√
主营业务成本					√
短期借款		√			
固定资产	√				
累计折旧	√				
财务费用					√
库存现金	√				

续表

会计科目	资产类	负债类	所有者权益类	成本类	损益类
利润分配			√		
盈余公积			√		
管理费用					√
长期待摊费用	√				

（10）

序号	会计科目	资产	负债	所有者权益
1	库存现金	1 500		
2	银行存款	1 248 500		
3	短期借款		700 000	
4	原材料	300 000		
5	库存商品	50 000		
6	长期借款		2 000 000	
7	固定资产	3 000 000		
8	应收账款	250 000		
9	应付账款		150 000	
10	实收资本			2 000 000
总计		4 850 000	2 850 000	2 000 000

五、案例分析

提示：他们的说法都不对。调整账户是用于调整某个账户（被调整账户）的余额、用以表明被调整账户的实际余额而设置的账户。无论是附加账户还是调减账户，都是反映被调整账户的实际余额，所以其经济内容应与被调整账户一致，其性质也应该与被调整账户一致。

六、思考题　（略）

第五章 账户与复式记账

一、重要名词

账户　总分类账户　明细分类账户　账户结构　本期发生额　期末余额　账户体系　复式记账　借贷记账法　会计分录　登账　试算平衡

二、选择题（包括单选和多选）

1. 复式记账法对每笔经济业务都应以相等的金额在（　　）科目中登记。
   A. 一个　　　　B. 两个　　　　C. 三个　　　　D. 两个或两个以上
2. 复式记账的意义包括（　　）。
   A. 可以完整地反映资金运动的来龙去脉
   B. 可以全面、系统地记录和反映经济业务
   C. 可以使记账手续更为简单
   D. 可以保持资金平衡关系
3. 复合会计分录是由（　　）所组成的。
   A. 两个简单会计分录　　　　B. 两个或两个以上会计分录
   C. 涉及两个以上账户　　　　D. 两个对应账户
4. 采用借贷记账法可以编制（　　）的会计分录。
   A. 一借一贷　　　　B. 一借多贷
   C. 多借一贷　　　　D. 以上均可
5. 在借贷记账法中，是根据（　　）来决定哪方记增加和哪方记减少的。
   A. 每个账户的基本性质
   B. 贷方记增加，借方记减少的规则
   C. 借方记增加，贷方记减少的规则
   D. 企业习惯的记法
6. "应收账款"会计科目期初借方余额为 2680 元，本期借方发生额为 3250 元，本期贷方发生额为 4320 元，该会计科目期末余额为（　　）。
   A. 借方 1610 元　　　　B. 借方 1710 元
   C. 贷方 1610 元　　　　D. 贷方 1710 元
7. 下面关于会计分录的格式，说法正确的有（　　）。
   A. 先借后贷

B. 借方在上，贷方在下
C. 在一借多贷和多借一贷的情况下，借方或贷方的文字要对齐
D. 在一借多贷和多借一贷的情况下，借方或贷方的数字要对齐

8. 会计分录必须具备（　　）。
   A. 摘要、凭证号、金额
   B. 借方、贷方、金额
   C. 总分类账户、明细分类账户、金额
   D. 会计科目名称、记账符号、金额

9. 借贷记账法的发生额试算平衡是指（　　）。
   A. 资产借方发生额等于所有者权益贷方发生额
   B. 全部会计科目的借方发生额等于全部会计科目的贷方发生额
   C. 资产借方发生额等于资产贷方发生额
   D. 资产借方发生额等于负债贷方发生额

10. 下列错误中，能够通过试算平衡查找的是（　　）。
    A. 漏记经济业务　　　　　　B. 借贷金额不等
    C. 借贷方向相反　　　　　　D. 重记经济业务

11. 对于收入类会计科目来讲（　　）。
    A. 增加额计入账户的借方　　B. 增加额计入账户的贷方
    C. 期末没有余额　　　　　　D. 期末有借方余额

12. 对于费用类会计科目来讲（　　）。
    A. 增加额计入账户的借方
    B. 如有期末余额，必为贷方余额
    C. 期末没有余额
    D. 如有期末余额，必为借方余额

13. 双重性质的账户，其性质要根据（　　）来决定。
    A. 期末余额　　　　　　　　B. 借方发生额
    C. 贷方发生额　　　　　　　D. 期初余额

14. 在下列账户中，与资产类账户结构相反的有（　　）账户。
    A. 负债　　　　B. 费用　　　　C. 收入
    D. 支出　　　　E. 成本　　　　F. 所有者权益

15. 在下列账户中，属于损益类账户的有（　　）。
    A. 补贴收入　　　B. 投资收益　　　C. 生产成本
    D. 所得税费用　　E. 管理费用　　　F. 制造费用

16. 借贷记账法中的记账符号"借"表示（　　）。
    A. 资产增加，权益增加　　　B. 资产减少，权益增加
    C. 资产增加，权益减少　　　D. 资产减少，权益减少

17. 会计科目余额试算平衡法是依据（　　）来确定的。
    A. 资产等于权益的平衡关系原理　B. 借贷记账法的记账规则
    C. 经济业务的内容　　　　　　　D. 经济业务的类型

18. 下列各项中，属于借贷记账法中"贷"字表示的内容有（　　）。
    A. 资产的增加　　　　　　　B. 负债的增加
    C. 所有者权益的增加　　　　D. 收益的增加

E. 费用的增加
19. 下列各项中，作为借贷记账法试算平衡的公式有（　　）。
　　A. 借方科目金额=贷方科目金额
　　B. 借方期末金额=借方期初余额+本期借方发生额–本期贷方发生额
　　C. 贷方期末余额=贷方期初余额+本期贷方发生额–本期借方发生额
　　D. 全部账户借方发生额合计=全部账户贷方余额合计
　　E. 全部账户借方余额合计=全部账户贷方余额合计
20. 下列账户不属于资产类账户的是（　　）。
　　A. 交易性金融资产　　　　　　B. 递延所得税资产
　　C. 公允价值变动损益　　　　　D. 在途物资
21. 编制会计分录时，必须考虑（　　）。
　　A. 经济业务涉及的会计要素是增加还是减少
　　B. 计入账户的借方还是贷方
　　C. 应该使用哪几个账户
　　D. 账户的余额是在贷方还是借方
　　E. 各账户的增加额和减少额是多少
22. 某企业资产总额580万元，如果发生以下经济业务：①收到外单位投资60万元存入银行；②以银行存款偿还银行借款20万元；③以银行存款购买原材料25万元。则发生业务后企业资产总额应为（　　）。
　　A. 638万元　　　B. 625万元　　　C. 620万元　　　D. 635万元
23. 某企业本期期初资产总额为50 000元，本期期末负债总额比期初减少20 000元，所有者权益比期初增加50 000元，则该企业期末资产总额是（　　）。
　　A. 120 000元　　　B. 20 000元　　　C. 100 000元　　　D. 80 000元
24. 一般情况下，期末余额在贷方的会计账户有（　　）。
　　A. 应付账款　　　　　　　　　B. 预收账款
　　C. 银行存款　　　　　　　　　D. 短期借款
　　E. 交易性金融资产　　　　　　F. 应付职工薪酬
25. 下列账户中，一般期末没有余额的是（　　）。
　　A. 库存现金　　　　　　　　　B. 生产成本
　　C. 累计折旧　　　　　　　　　D. 管理费用
　　E. 财务费用　　　　　　　　　F. 营业收入
26. 总分类账户和明细分类账户的关系是（　　）。
　　A. 总分类账户提供总括核算资料，明细分类账户提供详细核算资料
　　B. 总分类账户统驭、控制明细分类账户
　　C. 总分类账户和明细分类账户需平行登记
　　D. 明细分类账户补充说明与其相关的总分类账户

三、判断题

1. 试算平衡表只是通过借贷金额是否平衡来检查会计科目的记录是否正确。如果借贷不平衡，则可以肯定会计科目记录或计算有错误。（　　）
2. 一个复合会计分录可以分解为几个简单会计分录。（　　）
3. 发生额试算平衡是根据资产和权益的恒等关系，来检查本期发生额记录是否正确。

4. 从每一个会计科目来看，期初余额只能在账户的借方或贷方。（　　）
5. 对于一项经济业务，如果在一个会计科目中登记了借方，必须同时在另一个或几个会计科目中登记贷方。（　　）
6. 用来记录所有者权益的会计科目，其结构与负债类会计科目的结构相同。即所有者权益的增加额计入会计科目的借方，减少额计入会计科目的贷方。（　　）
7. 账户的对应关系是指两个账户之间的应借应贷关系。（　　）
8. 一般来说，各类账户的期末余额与记录增加额的一方都在同一方向。（　　）
9. "材料采购"账户的期末借方余额表示在途材料的实际成本。（　　）
10. 企业若没有设置"预付账款"账户，当发生预付账款业务时，应通过"应付账款"账户进行核算。（　　）
11. 总分类账户是根据一级会计科目设置的基本账户，它的余额与所属明细分类账的余额总数相等，但方向可能不一致。（　　）
12. 总分类账户和明细分类账户所反映的经济内容相同，只是提供指标的详细程度不同。（　　）
13. 债权债务结算账户的总账贷方余额表明债权大于债务的差额。（　　）
14. "预提费用"账户期末可能出现贷方余额，也可能出现借方余额。（　　）
15. 在会计核算中，为了满足企业内部经营管理和外部有关方面对会计信息的不同需要，有必要在所有的总分类账户下开设若干明细分类账户。（　　）
16. 所有的账户都是根据会计科目开设的。（　　）
17. 某账户若期末无余额，则该账户不是收入类账户就是费用类账户。（　　）
18. 一个账户的借方如果用来登记减少额，则贷方一定用来登记增加额。（　　）
19. 通过账户的对应关系，可以检查对经济业务的处理是否合理合法。（　　）

四、练习题

1. 练习账户发生额和余额的计算。

资料：某企业201×年12月31日部分账户资料如下表所示。

要求：在下表中填入正确的数字。

表 5-1　某企业年末部分账户资料　　　　　　　　　　（单位：元）

账户名称	期初余额	本期借方发生额	本期贷方发生额	期末余额
银行存款	25 000	14 000	13 000	
应收账款		5 500	20 000	15 500
预收账款	50 000	28 000		32 000
长期借款	120 000		26 000	72 000
原材料	56 000	62 000	65 000	
库存商品	50 000	15 000		28 300
应付账款		87 000	130 000	66 000
预付账款	30 000	5 000		15 000
实收资本	700 000	0		940 000
资本公积	140 000		130 000	270 000

2. 练习运用借贷记账法编制会计分录、登记账户以及试算平衡。

资料：某企业 201×年 5 月 1 日有关账户的期初余额如下表所示。

表 5-2 账户余额表　　　　　　　　　　　　　　　　（单位：元）

资产类账户		权益类账户	
账户名称	金额	账户名称	金额
库存现金	2 000	短期借款	60 000
银行存款	120 000	应付账款	7 000
应收账款	10 000	应交税费	1 800
生产成本	30 000	实收资本	700 000
原材料	110 000	资本公积	18 200
库存商品	25 000	盈余公积	10 000
固定资产	500 000		
合计	797 000	合计	797 000

5 月份该企业发生以下各项经济业务：

（1）购入原材料一批，货款 5000 元，以银行存款支付。
（2）从银行提取现金 1000 元，以备零用。
（3）某单位投入资本 10 000 元，存入银行。
（4）购入一台新设备 5000 元，用银行存款支付。
（5）收到上个月的销货款 3000 元，存入银行。
（6）生产车间向仓库领用材料 20 000 元。
（7）用银行存款偿还短期借款 3000 元。
（8）将资本公积 8000 元转增资本。

要求：根据上述资料编制会计分录，并开设账户（丁字式）登记入账，结出各个账户的本期发生额及期末余额，最后编制试算平衡表。

五、案例分析

1. 苏贤同学在学习了账户按照所反映的经济内容分类以及按照用途与结构的分类后，他认为凡是写着费用的会计科目除了没有期末余额之外都与资产类账户一样，凡是成本类账户一定没有期末余额，凡是应收款账户一定是资产类账户，凡是应付款账户一定是负债类账户，累计折旧也是资产类账户。他的想法对吗？

2. 2009 年，厦门大学的汪一凡老师提出一种新的会计记账方法，用"左/右"符号取代使用了 100 多年的"借/贷"符号，"效率提高到不可置信的程度"。100 年前，谢霖先生从日本"转口"引进西式簿记时，直接将"debit/credit"按日本方式表达为"借/贷"，但这两个字在中国有时是同义词，给初学会计者造成很大困惑。因此，汪一凡老师认为"借贷"符号的实质就是"左右"，并提出"中国流复式簿记方案"——左右对应记账法。这种方法在编制会计分录时，强调会计科目是"望文知义"的，其内容互不交叉，让学习者浏览所有科目并加以体会，培养快速联想使用科目的能力；根据会计恒等式"资产+费用=负债+所有者权益+收入"，将科目分为等式左方（资产大类）和右方（负债大类）两个大类，并用一个天平形象地表现；用增减记账法"异类科目，同增同减；同类科目，有增有减"的思想，判断哪个科目金额增加，哪个科目金额减少，是最简洁完美的；每个科目都是"左方右方"的结构，用四条主要助记口诀（或左手定则）快速确定金额该记在科目的哪个方向，明确无误。这四条口诀是两类同增，资左债右；两类同减，债左资右；资产互换，增左减右；负债互换，减左增右。但是，国内有学者认为，借贷、增减或左右等，都是记账符号，没有本质差别，对于会计人员或会计专业学生来说只是习惯问题。

请结合所学知识，谈谈你对这一问题的看法。

六、思考题

1. 为什么要过账？
2. 什么是 T 形账户？
3. 什么是借贷记账法？
4. 为什么要编制试算平衡表？试算平衡表根据什么编制？
5. 试算平衡表是否能发现所有记账过程中的错误？为什么？

第五章　参考答案

一、重要名词　（略）

二、选择题

1.D　2.AD　3.C　4.D　5.A　6.A　7.ABCD　8.D　9.B　10.B　11.BC　12.ACD　13.A　14.ACF　15.ABDE　16.C　17.A　18.BCD　19.AE　20.C　21.ABCE　22.C　23.D　24.ABDF　25.DEF　26.ABCD

三、判断题

1.√　2.√　3.×　4.√　5.√　6.×　7.√　8.√　9.√　10.√　11.×　12.√　13.×　14.√　15.×　16.√　17.×　18.√　19.×

四、练习题

1.

表 5-1　某企业年末部分账户资料　　　　　　　　　　　　（单位：元）

账户名称	期初余额	本期借方发生额	本期贷方发生额	期末余额
银行存款	25 000	14 000	13 000	**26 000**
应收账款	**30 000**	5 500	20 000	15 500
预收账款	50 000	28 000	**10 000**	32 000
长期借款	120 000	**74 000**	26 000	72 000
原材料	56 000	62 000	65 000	**53 000**
库存商品	50 000	15 000	**36 700**	28 300
应付账款	**23 000**	87 000	130 000	6 6000

续表

账户名称	期初余额	本期借方发生额	本期贷方发生额	期末余额
预付账款	30 000	5 000	**20 000**	15 000
实收资本	700 000	0	**240 000**	940 000
资本公积	140 000	**0**	130 000	270 000

2. 编制会计分录如下：

（1）借：原材料　　　　5000　　　　（5）借：银行存款　　　　3000
　　　　贷：银行存款　　　　5000　　　　　　贷：应收账款　　　　3000
（2）借：库存现金　　　　1000　　　　（6）借：生产成本　　　　20 000
　　　　贷：银行存款　　　　1000　　　　　　贷：原材料　　　　20 000
（3）借：银行存款　　　　10000　　　　（7）借：短期借款　　　　3000
　　　　贷：实收资本　　　　10 000　　　　　贷：银行存款　　　　3000
（4）借：固定资产　　　　5000　　　　（8）借：资本公积　　　　8000
　　　　贷：银行存款　　　　5000　　　　　　贷：实收资本　　　　8000

登记账户如下：

借	库存现金		贷
期初余额	2 000		
(2)	1 000		
本期发生额	1 000	本期发生额	0
期末余额	3 000		

借	银行存款		贷
期初余额	120 000		
(3)	10 000	(1)	5 000
(5)	3 000	(2)	1 000
		(4)	5 000
		(7)	3 000
本期发生额	13 000	本期发生额	14 000
期末余额	119 000		

借	应收账款		贷
期初余额	10 000		
		(5)	3 000
本期发生额	0	本期发生额	3 000
期末余额	7 000		

借	生产成本		贷
期初余额	30 000		
(6)	20 000		
本期发生额	20 000	本期发生额	0
期末余额	50 000		

借	原材料		贷
期初余额	110 000		
（1）	5 000	（6）	20 000
本期发生额	5 000	本期发生额	20 000
期末余额	95 000		

借	固定资产		贷
期初余额	500 000		
（4）	5 000		
本期发生额	5 000	本期发生额	0
期末余额	505 000		

借	短期借款		贷
		期初余额	60 000
（7）	3 000		
本期发生额	3 000	本期发生额	0
		期末余额	57 000

借	实收资本		贷
		期初余额	700 000
		（3）	10 000
		（8）	8 000
本期发生额	0	本期发生额	18 000
		期末余额	718 000

借	资本公积		贷
		期初余额	18 200
（8）	8 000		
本期发生额	8 000	本期发生额	0
		期末余额	10 200

借	库存商品		贷
期初余额	25 000		
本期发生额	0	本期发生额	0
期末余额	25 000		

借	应付账款		贷
		期初余额	7 000
本期发生额	0	本期发生额	0
		期末余额	7 000

借	应交税费		贷
		期初余额	1 800
本期发生额	0	本期发生额	0
		期末余额	1 800

借	盈余公积		贷
		期初余额	10 000
本期发生额	0	本期发生额	0
		期末余额	10 000

编制试算平衡表

综合试算平衡表　　　　　　　　　　　　　　　　（单位：元）

账户	期初余额 借方	期初余额 贷方	本期发生额 借方	本期发生额 贷方	期末余额 借方	期末余额 贷方
库存现金	2 000		1 000		3 000	
银行存款	120 000		13 000	14 000	119 000	
应收账款	10 000			3 000	7 000	
生产成本	30 000		20 000		50 000	
原材料	110 000		5 000	20 000	95 000	
库存商品	25 000				25 000	
固定资产	500 000		5 000		505 000	
短期借款		60 000	3 000			57 000
应付账款		7 000				7 000
应交税费		1 800				1 800
实收资本		700 000		18 000		718 000
资本公积		18 200	8 000			10 200
盈余公积		10 000				10 000
合计	797 000	797 000	55 000	55 000	804 000	804 000

五、案例分析

1. 提示：他的想法不完全正确。首先，费用类账户记录的方向与资产类账户一样，但记录的内容和意义不同，此外"待摊费用"的期末余额总是在借方，属于资产类账户，"预提费用"的期末余额一般在贷方，属于负债类账户。其次，成本类账户不一定没有期末余额，例如"生产成本"账户的借方余额表示尚未完工的在产品制造成本。再次，当企业不单独设置"预收账款"账户时，可以用"应收账款"账户同时反映应收和预收款项，此时"应收账款"账户便是债权债务结算账户，"应付账款"也是同理。最后，累计折旧账户不仅是资产类账户，同时也是一个调整账户。

2. 结合所学知识，言之有理即可。

六、思考题　（略）

第六章

会计凭证与会计账簿

一、重要名词

原始凭证　一次凭证　累计凭证　记账凭证　序时账簿　分类账簿　备查账簿　订本账　活页账　卡片账　明细分类账簿　划线更正法　红字更正法　补充登记法

二、选择题（包括单选和多选）

1. （　　）是可以连续反映一定时期内重复发生的同类交易或事项的原始凭证。
   A. 一次凭证　　　　　　　　B. 转账凭证
   C. 累计凭证　　　　　　　　D. 记账凭证
2. 下列会计凭证中，属于原始凭证的是（　　）。
   A. 购货发票　　　　　　　　B. 领料单
   C. 收料单　　　　　　　　　D. 成本计算单
3. 下列凭证中，属于外来原始凭证的有（　　）。
   A. 记账凭证　　　　　　　　B. 火车票
   C. 销售商品发票　　　　　　D. 购进材料发票
4. 下列各项中，（　　）属于原始凭证的基本要素。
   A. 原始凭证名称　　　　　　B. 编制日期
   C. 经办人签名或盖章　　　　D. 经济业务内容摘要
5. 用现金支付购物款，应填制（　　）。
   A. 转账凭证　　　　　　　　B. 银行存款付款凭证
   C. 现金付款凭证　　　　　　D. 现金收款凭证
6. 从银行提取现金发放工资，应填制（　　）。
   A. 收款凭证　　　　　　　　B. 转账凭证
   C. 付款凭证　　　　　　　　D. 单式凭证
7. 下列各项中，（　　）不属于记账凭证的基本要素。
   A. 凭证的编号
   B. 交易或事项的内容摘要
   C. 应记会计科目、方向及金额
   D. 交易或事项的数量、单价和金额
8. 总分类会计科目与明细分类会计科目平行登记的要点包括（　　）。

A. 记账方向相同
B. 登记金额相等
C. 记入两个或两个以上账户
D. 记入总账同时记入所属的明细账

9. 下列记账凭证中，不能据以登记现金日记账的是（　　）。
   A. 现金收款凭证　　　　　　B. 银行存款付款凭证
   C. 现金付款凭证　　　　　　D. 银行存款收款凭证
10. 账簿按其用途分类，可分为（　　）。
    A. 序时账簿　　　　　　　　B. 分类账簿
    C. 备查账簿　　　　　　　　D. 活页账
11. 账簿按其形式分类，可分为（　　）。
    A. 订本式账簿　　　　　　　B. 活页式账簿
    C. 卡片式账簿　　　　　　　D. 三栏式账簿
12. 下列各项中，属于活页式账簿优点的有（　　）。
    A. 根据实际需要增加账页　　B. 避免账页的遗失
    C. 便于会计人员的分工　　　D. 便于更换账页
13. 固定资产明细账常采用的账簿形式是（　　）。
    A. 订本式账簿　　　　　　　B. 卡片式账簿
    C. 活页式账簿　　　　　　　D. 多栏式明细分类账
14. 下列各项中，适用于现金、银行存款日记账的账页格式有（　　）。
    A. 三栏式　　　　　　　　　B. 多栏式
    C. 活页式　　　　　　　　　D. 数字金额式
15. "原材料"明细账应采用的账簿格式是（　　）。
    A. 活页式　　　　　　　　　B. 三栏式明细分类账
    C. 数量金额式明细分类账　　D. 多栏式明细分类账
16. "管理费用"明细账应采用的账簿格式是（　　）。
    A. 活页式　　　　　　　　　B. 三栏式明细分类账
    C. 数量金额式明细分类账　　D. 多栏式明细分类账
17. 总分类账户与明细分类账户的平行登记，应满足下列要求的有（　　）。
    A. 同时登记　　　　　　　　B. 金额相等
    C. 方向相同　　　　　　　　D. 同账簿登记
18. 登记账簿的依据是（　　）。
    A. 经济合同　　　　　　　　B. 有关文件
    C. 会计分录　　　　　　　　D. 会计凭证
19. 会计人员在结账前发现，在根据记账凭证登记入账时，误将 600 元记成 6000 元，而记账凭证无误，应采用（　　）。
    A. 补充登记法　　　　　　　B. 划线更正法
    C. 红字更正法　　　　　　　D. 蓝字登记法
20. 下列各项中，通常采用红字更正法的有（　　）。
    A. 记账凭证中会计科目错误
    B. 记账凭证中记账方向错误
    C. 记账凭证中错误金额大于正确金额

D. 记账凭证中错误金额小于正确金额

三、判断题

1. 会计凭证按其填制程序和用途不同，可以分为原始凭证和记账凭证。（ ）
2. 收款凭证是发票的一种，是登记经济业务会计分录的原始凭证。（ ）
3. 累计凭证一般为自制原始凭证。（ ）
4. 记账凭证是在交易或事项发生时或完成时直接取得或填制，用来证明交易或事项发生，并明确经济责任的原始证据，是记账的原始依据。（ ）
5. 从外单位取得的原始凭证，可以没有公章，但必须有经办人员的签名或盖章。（ ）
6. 外来原始凭证如有遗失，应向原签发单位取得证明，注明原来凭证号、金额和内容等，并签上原签发单位的财务章，经本单位负责人批准后，可代替原始凭证。（ ）
7. 原始凭证的审核主要是指对所登记的金额、计算结果及其他必要的项目进行审查和核对。（ ）
8. 收款凭证贷方内容可能为"库存现金"或"银行存款"。（ ）
9. 对于涉及现金和银行存款之间的收、付款业务，一般编制转账凭证。（ ）
10. 付款凭证是只用于银行存款付出业务的记账凭证。（ ）
11. 我国《会计档案管理办法》（1998）规定，企业会计凭证的保管期限为20年。（ ）
12. 企业的序时账簿必须采用订本式账簿。（ ）
13. 备查账簿也称辅助账簿，是指对总账中未记录或记录不全的经济业务进行补充登记的账簿。（ ）
14. 为便于管理，"应收账款"、"应付账款"的明细账必须采用多栏式明细分类账格式。（ ）
15. 三栏式账簿是指具有日期、摘要、金额三个栏目格式的账簿。（ ）
16. 在会计核算中，既要求进行金额核算，又要求进行实物数量核算的各种财产物资，应使用数量金额式明细分类账。（ ）
17. 使用活页式账页，应按账户顺序编号，并定期装订成册。已装订成册的活页账，应按实际使用的账页顺序编写页数。（ ）
18. 账簿中书写的文字和数字上面要留有适当空距，一般应占格距的1/2，以便于发现错误时进行修改。（ ）
19. 由于记账凭证错误而造成的账簿记录错误，应采用划线更正法进行更正。（ ）
20. 划线更正法是在错误的文字或数字上划一红线注销，然后在其上端用红字填写正确的文字或数字，并由记账人员加盖图章，以明确责任。（ ）

四、练习题

1. 资料：某企业2010年5月初现金日记账余额为700元，银行存款日记账余额为978 000元。本月发生下列相关经济业务：

（1）3日，员工陈刚预借差旅费300元，经审核后以现金付讫。
（2）5日，签发现金支票4500元，从银行提取现金，以备日常开支需要。

（3）6日，以银行存款3000元缴纳税金。
（4）9日，取得短期借款80 000元，存入银行。
（5）12日，签发现金支票45 000元，从银行提取现金以备发放工资。
（6）15日，以现金45 000元发放本月职工工资。
（7）16日，生产车间报销日常开支费用，经审核，以现金200元支付。
（8）20日，收到银行通知，购货单位偿还上月所欠货款95 000元，已收妥入账。
（9）21日，销售产品一批，货款共计30 000元，已收到存入银行。
（10）25日，购进材料一批，货款97 800元，运杂费200元，全部款项以银行存款支付。材料已验收入库。
（11）31日，接到银行付款通知，支付本月生产用电费21 000元。

要求：
（1）编制记账凭证。以会计分录代替记账凭证，并按经济业务顺序编号。
（2）设置现金日记账和银行存款日记账，根据会计分录登记日记账。

2. 资料：某企业将账簿记录与记账凭证进行核对时，发现下列各项经济业务的凭证内容或账簿记录有误。

（1）开具现金支票700元，支付管理部门日常零星开支，原编制记账凭证为：
借：管理费用　　　　　700
　　贷：库存现金　　　　　700

（2）结转本月实际完工产品的成本4500元，原编制记账凭证为：
借：库存商品　　　　　5400
　　贷：生产成本　　　　　5400

（3）收到购货单位偿还上月所欠贷款8700元，原编制记账凭证为：
借：银行存款　　　　　7800
　　贷：应收账款　　　　　7800

（4）结算本月应付职工薪酬，其中生产工人薪酬为7000元，行政管理人员薪酬为1600元，原编制记账凭证为：
借：生产成本　　　　　7000
　　管理费用　　　　　1600
　　贷：应付职工薪酬　　　8600
在登记账簿时，其管理费用账户借方登成6100元。

（5）结转本月销售收入5000元，原编制记账凭证为：
借：本年利润　　　　　4600
　　贷：主营业务收入　　　4600

要求：将上述各项经济业务的错误分录，分别采用适当的更正错账的方法予以更正。

五、案例分析

陈先生应聘一家公司的会计，到任后他发现这家公司有些会计做法与其他公司不一样：一是公司的所有账簿都使用活页账，理由是"便于改错"；二是公司的往来账簿都是采用抽单核对的方法，直接用往来会计凭证控制，不再记账；三是在记账时发生了错误允许使用涂改液，但是强调必须由责任人签字；四是经理要求陈先生在登记现金总账的同时也要负责出纳工作。尽管这家公司给他的报酬高出其他同类公司，可是不到3个月的试用期，陈先生就决定辞职。请分析，他为什么要辞职？

六、思考题

1. 什么是会计凭证？会计凭证如何分类？
2. 原始凭证填制要求和审核内容是什么？
3. 记账凭证通常分为哪几种？
4. 为什么要编制记账凭证？
5. 记账凭证填制要求和审核内容是什么？
6. 会计账簿有哪几种类别？
7. 什么是永久性账户和暂时性账户？在实务中如何结账？
8. 为什么要登记账簿？
9. 更正错账的方法有几种？分别适用什么情况？

第六章　参考答案

一、重要名词　（略）

二、选择题

1.C　2.ABCD　3.BD　4.ABCD　5.C　6.C　7.D　8.ABD　9.D　10.ABC
11.ABC　12.AC　13.B　14.AB　15.C　16.D　17.ABC　18.D　19.B　20.ABC

三、判断题

1. √　2. ×　3. √　4. ×　5. ×　6. √　7. √　8. ×　9. ×　10. ×　11. ×　12. √
13. ×　14. ×　15. ×　16. √　17. ×　18. √　19. ×　20. ×

四、练习题

1. （1）编制记账凭证（以会计分录代替）

① 现付 501 号
　　借：其他应收款　　　300
　　　贷：库存现金　　　　　300

② 银付 501 号
　　借：库存现金　　　4500
　　　贷：银行存款　　　　4500

③ 银付 502 号
　　借：应交税费　　　3000
　　　贷：银行存款　　　　3000

④ 银收 501
　　借：银行存款　　　80 000
　　　贷：短期借款　　　　80 000

⑤ 银付 503 号
　　借：库存现金　　　45 000

⑦ 现付 503 号
　　借：制造费用　　　200
　　　贷：库存现金　　　　200

⑧ 银收 502 号
　　借：银行存款　　　95 000
　　　贷：应收账款　　　　95 000

⑨ 银收 503 号
　　借：银行存款　　　30 000
　　　贷：主营业务收入　　30 000

⑩ 银付 504 号
　　借：原材料　　　98 000
　　　贷：银行存款　　　　98 000

⑪ 银付 505 号
　　借：应付账款　　　21 000

　　　　　贷：银行存款　　　45 000　　　　　　贷：银行存款　　　21 000
⑥现付502号
　　　借：应付职工薪酬　　45 000
　　　　　贷：库存现金　　　45 000

（2）根据会计分录登记日记账。

现金日记账　　　　　　　　　　　　　　　　（单位：元）

2010年		凭证		摘要	对方科目	收入	付出	余额
月	日	字	号					
5	1			上月结转				700
	3	现付	501	职工陈刚借差旅费	其他应收款		300	400
	5	银付	501	提取现金	银行存款	4 500		4 900
	12	银付	503	提取现金	银行存款	45 000		49 900
	15	现付	502	发放工资	应付职工薪酬		45 000	4 900
	16	现付	503	车间报销	制造费用		200	4 700
	31			本月合计		49 500	45 500	4 700

银行存款日记账　　　　　　　　　　　　　　（单位：元）

2010年		凭证		摘要	对方科目	收入	付出	余额
月	日	字	号					
5	1			上月结转				978 000
	5	银付	501	提取现金	库存现金		4 500	973 500
	6	银付	502	缴纳税金	应交税费		3 000	970 500
	9	银收	501	取得借款	短期借款	80 000		1 050 500
	12	银付	503	提取现金	库存现金		45 000	1 005 500
	20	银收	502	收到购货单位欠款	应收账款	95 000		1 100 500
	21	银收	503	销售产品	主营业务收入	30 000		1 130 500
	25	银付	504	购进材料支付货款	材料采购		98 000	1 032 500
	31	银付	505	支付生产用电	制造费用		21 000	1 011 500
	31			本月合计		205 000	171 500	1 011 500

2.（1）用红字更正法：
　　ⅰ借：管理费用　　　　（700）
　　　　贷：库存现金　　　　（700）
　　ⅱ借：管理费用　　　　700
　　　　贷：银行存款　　　　700
　　ⅲ根据以上记账凭证登记账簿，即可更正错误
（2）用红字更正法：
　　ⅰ借：库存商品　　　　（900）

　　　　　贷：生产成本　　　　　　（900）
　　　ii 根据以上记账凭证登记账簿，即可更正错误
　（3）用补充登记法：
　　　i 借：银行存款　　　　900
　　　　　贷：应收账款　　　　900
　　　ii 根据以上记账凭证登记账簿，即可更正错误
　（4）用划线更正法：
　　在管理费用科目借方所记金额 6100 上划一条红线予以注销，然后将正确的数字 1600 用蓝字写在红线上方，并由记账员在更正处盖章。
　（5）用红字更正法：
　　　i 借：本年利润　　　　（4600）
　　　　　贷：营业收入　　　（4600）
　　　ii 借：主营业务收入　　5000
　　　　　贷：本年利润　　　5000
　　　iii 根据以上记账凭证登记账簿，即可更正错误

五、案例分析

　　分析要点：
　（1）现金、银行存款日记账必须要采用订本式账簿，而记录内容比较复杂的财产明细账，如固定资产卡片则需使用卡片式账簿，除此之外的明细账可以使用活页式账簿，该公司所有账簿都采用活页式账簿显然不够规范。
　（2）会计账簿具有重要意义，记录在会计凭证上的信息是分散、不系统的。为了把分散在会计凭证中的大量核算资料加以集中归类反映，为经营管理提供系统、完整的核算资料，并为编报会计报表提供依据，就必须设置和登记账簿。设置和登记账簿是会计核算的专门方法之一。所以，对于会计凭证必须要登记入账，不可单凭会计凭证控制。
　（3）如果发现账簿记录有错误，应按规定的方法进行更正，不得涂改、挖补或用涂改液消除字迹。更正错误的方法有划线更正法、红字更正法及补充登记法。显然，案例中的公司允许使用涂改液的做法是错误的。
　（4）由于现金和银行存款是企业重要的资产，同时又非常容易出问题，所以为了加强内部控制必须坚持内部牵制原则，实行钱、账分管，出纳人员不得负责登记除现金日记账和银行存款日记账以外的任何账簿。出纳人员登记现金日记账和银行存款日记账后，应将各种收付款凭证交由会计人员据以登记总分类账及有关的明细分类账。
　　综上所述，该公司的会计内部控制制度明显存在一系列问题，陈先生因此将面临比较大的职业风险，所以在无法改变这些做法的情况下会导致他选择辞职。

六、思考题　（略）

第七章

期末账项调整与试算平衡表

一、重要名词

权责发生制　收付实现制　期末账项调整　预付费用　折旧　预收收入　应计收入　应计费用　账证核对　账账核对　账实核对　试算平衡表　结账

二、选择题（包括单选和多选）

1. 下列属于对账的是（　　）。
   A. 财产物资明细账账面余额与财产物资实存数额之间的核对
   B. 现金日记账的期末余额合计与现金总账期末余额之间的核对
   C. 总分类账与所属明细分类账之间的核对
   D. 账簿记录与会计凭证之间的核对

2. 期末账项调整的基础是（　　）。
   A. 权责发生制　　　　　　B. 会计分期
   C. 收付实现制　　　　　　D. 配比原则

3. 结账时，应当划通栏双红线的是（　　）。
   A. 结出本季累计发生额后　　B. 结出当月发生额后
   C. 各月末结出累计发生额后　D. 12月末结出全年累计发生额后

4. 某单位年初预收全年固定资产租金收入36 000元。1月应调整记入"主营业务收入"科目的金额为（　　）元。
   A. 3000　　B. 36 000　　C. 0　　D. 18 000

5. 对账的内容主要包括（　　）。
   A. 证证核对　　　　　　　B. 账证核对
   C. 账账核对　　　　　　　D. 账实核对

6. 下列会计事项中，企业月终应进行账项调整的是（　　）。
   A. 应计收入　　　　　　　B. 应计费用
   C. 预收收入　　　　　　　D. 预付费用
   E. 应收账款　　　　　　　F. 银行存款

7. 企业的结账时间应为（　　）。
   A. 每项经济业务登账后　　B. 一定时期终了时
   C. 每日终了时　　　　　　D. 会计报表编制后

8. 下列内容中，属于结账工作的有（　　）。
   A. 结算有关账户的本期发生额及期末余额
   B. 编制试算平衡表
   C. 按照权责发生制对有关账项进行调整
   D. 清点库存现金
9. 下列对账工作中属于账实核对的是（　　）。
   A. 会计部门的财产物资明细账与财产物资保管部门的有关明细账相核对
   B. 总分类账与所属明细分类账相核对
   C. 企业银行存款日记账与银行对账单相核对
   D. 总分类账与日记账相核对
10. 结账时，正确的做法有（　　）。
    A. 结出当月发生额的，在"本月合计"下面划通栏单红线
    B. 结出季度累计发生额的，要在"本季合计"下面划一道通栏红线
    C. 12月末，结出全年累计发生额的，在下面划通栏单红线
    D. 12月末，结出全年累计发生额的，在下面划通栏双红线
11. 期末损益类账户结转时，"本年利润"账户贷方的对应账户分别为（　　）。
    A. 主营业务收入　　　　　　B. 其他业务收入
    C. 主营业务成本　　　　　　D. 营业税金及附加
12. 结账时，应在"本月合计"下划（　　）。
    A. 通栏单红线　　　　　　　B. 通栏双红线
    C. 半栏单红线　　　　　　　D. 半栏双红线
13. 企业会计制度规定的结账时期一般为（　　）。
    A. 10天　　　　B. 30天　　　　C. 60天
    D. 90天　　　　E. 半年　　　　F. 1年
14. 账账核对主要包括（　　）。
    A. 总账与明细账核对
    B. 总账与日记账核对
    C. 总账有关账户的余额核对
    D. 会计部门的财产物资明细账与财产物资保管和使用部门的有关明细账核对
15. 下列各项中，属于对账内容的有（　　）。
    A. 往来账与业务合同核对　　B. 库存商品账与实物核对
    C. 明细账与总账核对　　　　D. 总账与会计报表核对
    E. 库存现金与现金账核对　　F. 记账凭证与原始凭证核对
16. 下列各项中，属于本期收入尚未收到款项的账项调整项目是（　　）。
    A. 银行借款利息　　　　　　B. 预收账款
    C. 银行存款利息　　　　　　D. 预付账款
17. 下列各项中，属于本期费用尚未支付款项的账项调整项目是（　　）。
    A. 银行借款利息　　　　　　B. 预收账款
    C. 银行存款利息　　　　　　D. 预付账款
18. 某企业银行存款日记账10月31日的余额为203 045元，对账单上显示有未达账项两笔：银行代收应收账款3000元、代付水费150元。如果不考虑其他因素的影响，其调节后余额为（　　）元。

A. 199 895　　　　B. 205 895　　　　C. 206 895　　　　D. 200 195

19. 下列各项中，构成期末账项调整内容的有（　　）。
   A. 属于本期收入，尚未收到款项的账项调整
   B. 属于本期费用，尚未支付款项的账项调整
   C. 本期已收款，不属于或不完全属于本期收入款项的账项调整
   D. 本期已付款，不属于或不完全属于本期费用的账项调整

20. 企业预付保险费但不完全属于本期费用，涉及的会计处理有（　　）。
   A. 借记"待摊费用"科目　　　　B. 借记"管理费用"科目
   C. 贷记"预提费用"科目　　　　D. 贷记"待摊费用"科目
   E. 贷记"银行存款"科目

21. 在权责发生制下，经过期末账项调整以后，企业收入费用可以实现的是（　　）。
   A. 所有费用科目中所记录的金额，是归属于本期费用的金额，而收入科目则不然
   B. 不论收入科目，还是费用科目，其所记录的金额，都是归属于本期收入或费用的金额。
   C. 所有收入科目中所记录的金额，是归属于本期收入的金额，而费用科目则不然
   D. 不论资产类科目，还是负债类科目，其所记录的金额，都归属于本期资产和负债的金额。

三、判断题

1. 只需按月结计本期发生额，但不需结计本年累计发生额的账户，月末结账时，只需在最后一笔经济业务事项记录之下划一道通栏单红线，不需要再结计一次余额。（　　）

2. 办理月结，应在各账户最后一笔记录下面划一道通栏单红线，在红线下计算出本月发生额及月末余额，并在摘要栏注明"本月合计"或"本月发生额及余额"字样，然后再下面再划一条蓝线。（　　）

3. 年度结账后，对于发生额很少的总账，不必更换新的账簿本。（　　）

4. 每月将银行存款日记账的账面余额与银行对账单进行核对，是账实核对的主要内容之一。（　　）

5. 期末账项调整的目的是实现费用与收入的配比，正确地计算各期的经营成果。（　　）

6. 期末账项调整只需划分各个会计期间的收入和费用，而不需要调整资产和负债。（　　）

7. 在采用权责发生制核算的情况下，凡属于本期的收入，必须收到款项。否则应将尚未收到的款项调整，作为收到款项期间的收入。（　　）

8. 预收账款是一种负债性质的预收收入，因此应当作为当期收入入账。（　　）

9. 本期已付款入账、但应由本期和以后各期分别负担的费用，应于期末调整为一项资产。（　　）

10. 不论是采用权责发生制，还是采用收付实现制，在会计期末都必须进行账项调整。（　　）

11. 会计期间的划分，明确了会计核算服务对象以及会计人员进行会计核算所应采取的立场。（　　）

12. 经过期末账项调整，账簿记录中有关收入和费用科目所记录的金额，便是应归

属本期收入和费用的金额。（　）

13. 暂时性账户只与一个会计期间相关，当该会计期间结束时，编制结账分录把该类账户余额结记为零。（　）

四、练习题

1. 练习期末账项调整的会计处理

资料：某企业201×年12月份需要调整的有关项目如下所示。

（1）年初预付一年期的生产设备财产保险费3600元，每月均匀负担。

（2）本月应付未付的销售税金1000元。

（3）本月对应收账款计提5500元的坏账准备。

（4）应计提固定资产折旧费2800元，其中生产车间负担1800元，行政管理部门负担1000元。

（5）本月末出租包装物，预收三个月租金900元，存入银行。

（6）本月出租固定资产，每月租金750元，先预收半年租金存入银行，同时确认本月的租金收入。

（7）本月应计存款利息660元。

（8）本月底结算本季度的短期借款利息共330元，其中10月和11月已分别计提110元。利息以银行存款支付。

要求：根据上述材料编制会计分录

2. 练习编制结账分录

资料：某公司年末损益类账户本期发生额如下表所示。

表7-1　损益类账户发生额汇总表　　　　　　　　　　（单位：元）

账户名称	借方发生额	贷方发生额
主营业务收入		1 262 400
主营业务成本	850 000	
营业税金及附加	5 000	
销售费用	25 000	
管理费用	130 000	
财务费用	52 400	
合计	1 062 400	1 262 400

要求：（1）根据上述材料结转本年利润。

（2）按实现利润总额的25%计算应交所得税，并结转所得税费用。

（3）将"本年利润"科目余额全部转入"利润分配"科目。

五、案例分析

1. 资料：某公司（制造企业）的会计账簿结账规则如下所示。

（1）结账的内容

结算各种收入、费用账户，并据以计算确定本期利润。

结算各资产、负债和所有者权益账户，分别结出本期发生额合计和余额。

（2）结账的程序

将本期发生的经济业务全部登记入账，并保证其正确性。

根据权责发生制的要求，调整有关账项，合理确定本期应计的收入和应计的费用。

将各有关损益类账户的本期借、贷发生额差额分别转入"本年利润"账户，结平所有损益类账户。

结出资产、负债和所有者权益账户的本期发生额和余额，并结转下期。

（3）结账方法

对不需要按月结计本期发生额的账户（如各应收应付款明细账和各项财产物资明细账等），每次入账以后，都要随时结出余额，各月最后一笔余额即为月末余额。月末结账时，只需要在最后一笔经济业务记录之下划通栏单红线，不需要再结计一次余额。

现金、银行存款日记账簿和需要按月结计发生额的收入、费用等明细账簿，每月结账时，在最后一笔经济业务记录下面划通栏单红线，然后结出本期发生额和余额，并在摘要栏内注明"本月合计"字样，在下面划通栏单红线。

需要结计本年累计发生额的某些明细账簿，每月结账时，应在"本月合计"行下结出自年初起至本月末止的累计发生额，登记在月份发生额下面，并在摘要栏内注明"本年累计"字样，然后在其下面再划通栏单红线。12月末的"本年累计"就是全年累计发生额，全年累计发生额下面划通栏双红线。

总分类账簿平时只需要结出月末余额。年终结账时，为了总括地反映全年各项资金运动情况的全貌和核对账目，要对所有总分类账簿结出全年发生额和年末余额，在摘要栏内注明"本年合计"字样，并在合计数下划通栏双红线。

年终结账时，有余额的账户，要将其余额转入下年。方法是：将每个账户的年末余额直接记入下一年度启用的有关新账簿的第一行余额栏内。新旧账簿之间的转记余额，不需编制记账凭证（也不需要将余额记在旧账户的借方或贷方，使本年有余额的账户变为零），只需在新账簿第一行摘要栏内注明"上年转入"。

要求：请利用所学知识对该公司的结账规则进行点评。

2. 王小雅为一家计算机公司工作，为了编制年度报表，她和会计主管一起编制调整分录。王小雅计算出折旧费并编制如下分录：

借：管理费用——设备　　　　12 300

　　贷：累计折旧——设备　　　　　　12 300

主管认为上述分录应该直接贷记"固定资产——设备"，这样做比较简便，而且在资产负债表上两种方法计算出的结果相同。

思考以下两个问题：

（1）折旧应该如何记录？你支持主管的观点吗？

（2）请评价主管的处理方法的优缺点。主管的处理方法是否符合有关会计原则？

六、思考题

1. 为什么要进行期末账项调整？
2. 权责发生制与收付实现制有何不同？
3. 为什么我国会计准则要求采用权责发生制？
4. 为什么要进行结账？
5. 是否有必要编制结账后试算平衡表？

第七章　参考答案

一、重要名词　（略）

二、选择题

1.ABCD　2.A　3.D　4.A　5.BCD　6.ABCD　7.B　8.AC　9.C　10.ABD
11.AB　12.A　13.BDEF　14.ABCD　15.BCDE　16.C　17.A　18.B　19.ABCD
20.ABE　21.B

三、判断题

1. ×　2. ×　3. ×　4. √　5. √　6. ×　7. ×　8. ×　9. ×　10. ×　11. ×　12. √　13. √

四、练习题

1. （1）借：制造费用　　　　　　　300
　　　　贷：预付账款　　　　　　　　　　300
　（2）借：营业税金及附加　　　1000
　　　　贷：应交税费　　　　　　　　　　1000
　（3）借：资产减值损失　　　　5500
　　　　贷：坏账准备　　　　　　　　　　5500
　（4）借：制造费用　　　　　　1800
　　　　　管理费用　　　　　　　1000
　　　　贷：累计折旧　　　　　　　　　　2800
　（5）借：银行存款　　　　　　　900
　　　　贷：预收账款　　　　　　　　　　900
　（6）借：银行存款　　　　　　4500
　　　　贷：预收账款　　　　　　　　　　3750
　　　　　　其他业务收入　　　　　　　　750
　（7）借：应收利息　　　　　　　660
　　　　贷：财务费用　　　　　　　　　　660
　（8）借：应付利息　　　　　　　220
　　　　　财务费用　　　　　　　　110
　　　　贷：银行存款　　　　　　　　　　330

2. （1）借：主营业务收入　　1 262 400
　　　　贷：本年利润　　　　　　　　1 262 400
　　　　借：本年利润　　　　1 062 400
　　　　贷：主营业务成本　　　　　　　850 000
　　　　　　营业税金及附加　　　　　　　5000
　　　　　　销售费用　　　　　　　　　　25 000
　　　　　　管理费用　　　　　　　　　　130 000

　　　　　财务费用　　　　　　　　52 400
　　（2）利润总额=1 262 400−1 062 400=200 000（元）
　　　　应交所得税=200 000*25%=50 000（元）
　　　　　借：所得税费用　　　　　　50 000
　　　　　　贷：应交税费——所得税　　50 000
　　　　　借：本年利润　　　　　　　50 000
　　　　　　贷：所得税费用　　　　　　50 000
　　（3）借：本年利润　　　　　　　150 000
　　　　　　贷：利润分配　　　　　　　150 000

五、案例分析

1. 结合所学知识，言之有理即可。

2. 提示：根据会计准则的要求，固定资产不能直接进入成本或者费用里，必须通过累计折旧这个科目，摊销到每个月的月份中。这样，期末"固定资产"的余额反映固定资产的原值，"累计折旧"的余额反映固定资产的磨损程度。如果是一次性进入到成本或者费用当中去，就会造成当月的成本和费用增大，由于固定资产的使用年限至少在一年以上，根据权责发生制的配比原则，就要相应摊销到每个月份中去，这样才使得成本和费用更加合理。

六、思考题　（略）

第八章

内部控制

一、重要名词

内部控制　　理性经济人　　内部牵制　　内部控制目标　　内部控制原则　　内部环境　　风险评估　　控制活动　　信息与沟通　　内部监督　　不相容职务　　授权审批

二、选择题（包括单选和多选）

1. 以下各项中，（　　）属于常见的内部牵制形式。
   A. 实物牵制　　　　　　　　B. 职责牵制
   C. 机械牵制　　　　　　　　D. 簿记牵制
2. 在内部控制制度阶段，企业内部控制包括（　　）。
   A. 内部会计控制　　　　　　B. 内部经营控制
   C. 内部管理控制　　　　　　D. 内部环境控制
3. 从企业风险管理框架中对风险管理的定义来看，我们知道（　　）。
   A. 风险管理旨在识别和管理风险
   B. 风险管理只涉及企业的高级管理人员
   C. 风险管理为实现目标提供合理保证
   D. 风险管理应用于企业战略制订
4. 相对《内部控制——整合框架》，ERM 框架的创新之处不包括（　　）。
   A. 新提出了一个更具有管理意义和管理层次的战略管理目标，同时还扩大了报告的范畴
   B. 新增加了目标制定、风险识别和风险应对三个管理要素
   C. 提出了两个新概念——风险偏好和风险容忍度
   D. 对内部控制做了最权威的定义
5. 内部控制要素包括（　　）。
   A. 风险识别　　　　　　　　B. 内部环境
   C. 信息与沟通　　　　　　　D. 内部监督
6. 内部控制的基本目标包括（　　）。
   A. 企业经营管理合法合规
   B. 企业战略目标
   C. 企业财务报告及相关信息真实完整、企业资产安全

D. 企业提高经营效率和效果
7. 内部控制的主要原则包括（   ）。
   A. 全面性原则   B. 制衡性原则
   C. 适应性原则   D. 重要性原则
8. 以下各项中，属于内部环境的有（   ）。
   A. 机构设置   B. 内部审计
   C. 权责分配   D. 企业文化
9. 以下各项中，属于常见的内部控制措施有（   ）。
   A. 授权审批控制   B. 会计系统控制
   C. 财产保护控制   D. 预算控制
10. 被审计单位为了保证既定目标得以顺利实现而制定并执行的各项控制政策和程序，属于内部控制要素中的（   ）。
    A. 内部环境   B. 事项识别
    C. 控制活动   D. 信息与沟通
11. 很多大厦都雇佣保安和利用闭路电视摄像头以确保财产安全，这属于（   ）。
    A. 不相容职务分离控制 B. 运营分析控制
    C. 授权审批控制   D. 财产保护控制
12. 下列行为中，不符合内部控制要求的是（   ）。
    A. 不经过审批付款   B. 总账与日记账、明细账由不同人员登记
    C. 未经开户行批准，坐支现金   D. 支付款项所需印章由一人保管
13. （   ）是企业对内部控制建立与实施情况进行监督检查，评价内部控制的有效性，发现内部控制缺陷，应当及时加以改进。
    A. 内部环境   B. 控制活动
    C. 信息与沟通   D. 内部监督
14. 下列关于不相容职务的说法中，正确的有（   ）。
    A. 授权进行某项经济业务和执行该项业务的职务要分离
    B. 保管某些财产物资和对其进行记录的职务要分离
    C. 保管某些财产物资和使用这些财产物资的职务要分离
    D. 执行某些经济业务和审核这些经济业务的职务要分离
15. 下列要素中，不属于内部控制程序的是（   ）。
    A. 交易授权   B. 职责划分
    C. 内部审计   D. 独立稽核
16. 会计记录控制的内容不包括（   ）。
    A. 凭证必须连续编号，并按编号顺序使用
    B. 记账凭证的内容必须与原始凭证的内容保持一致
    C. 建立定期的复核制度
    D. 建立内部审计制度
17. 运营分析控制的方法主要有（   ）。
    A. 比较法   B. 趋势分析法
    C. 因素分析法   D. 综合分析法
18. 绩效考评系统的评价主体主要是（   ）。
    A. 各个部门   B. 各级管理者

C. 公司董事会和各级管理者　　D. 全体员工

19. 关于内部控制只能为控制目标的实现提供"合理保证"，而不是"绝对保证"的理解错误的是（　　）。

A. 内部控制对控制目标的实现作用不大
B. 企业目标的实现除了受制于企业自身限制外，还会受到外部环境的影响
C. 内部控制无法作用于外部环境
D. 内部控制本身也存在一定的局限性

三、判断题

1. 企业内部控制的核心是内部牵制。（　　）
2. 内部控制是一个动态的概念，其大致经历了内部牵制阶段、内部控制结构阶段、内部控制整体框架阶段和基于企业风险管理框架的内部控制阶段等四个阶段。（　　）
3. 内部牵制的一个基本假设是两个或两个以上的部门或人员有意识地合伙舞弊的可能性大大低于单独一个部门或一个人舞弊的可能性。（　　）
4. 20 世纪八九十年代，"内部控制结构"的概念取代了"内部控制制度"的概念，在这个阶段内部控制不再区分为内部会计控制和内部管理控制，而是由控制环境、会计系统和控制程序三个要素构成。（　　）
5. 《内部控制/整体框架》中提出内部控制的三个目标，即财务报告的可靠性、经营活动的效率性和效果性、战略目标的合理性。（　　）
6. 根据我国《企业内部控制基本规范》要求，执行内部控制规范的上市公司应披露年度自我评价报告。（　　）
7. 在内部控制框架中，风险评估是其他要素的基础。（　　）
8. 一个公司只要建立了完善的内部控制系统并有效实施，就可以避免舞弊和差错的发生。（　　）
9. 内部控制的目标是彼此孤立的，并没有实质性的联系。（　　）
10. 提高经营效率和效果的目标是内部控制的最高目标，也是终极目标。（　　）
11. 内部控制本身就是企业应该实现的一个目标。（　　）
12. 不相容职务是指那些不能由一人兼任，否则可以弄虚作假，又能掩盖其舞弊行为的职务。（　　）
13. 企业在为会计机构配备会计人员时，除会计机构负责人外其他会计人员无需取得会计从业资格证。（　　）
14. 企业在处理经济业务时，必须经过授权批准才能执行，以便进行控制。（　　）
15. 企业应当对经济业务文件进行记录并且凭证需要连续编号，避免业务记录的重复或遗漏，便于业务查询，并在一定程度上防范舞弊行为的发生。（　　）
16. 内部控制是由企业董事会、监事会、经理层实施的，和普通员工没有关系。（　　）
17. 由于人为因素、成本效益原则和不确定性的存在，任何内部控制都有其局限性。（　　）

四、案例分析

1. 甲公司信息部门负责信息收集、传递及信息化建设，该信息部门制定有关信息

资源管理制度,明确了各部门信息收集和传递的职责及权限,确定商业秘密范围,以加强信息管理。主要包括以下方面:
(1) 财务报告、经营分析、业务表现等信息的沟通;
(2) 行政管理和人力资源政策等信息的沟通;
(3) 保密信息与沟通,包括确定保密信息密级;
(4) 审计信息沟通;
(5) 雇员提供的信息;
(6) 报告信息;
(7) 专业信息以及从客户、供应商、经营伙伴、投资者处获得的信息;
(8) 管理层与董事会以及职能部门间的沟通;
(9) 与客户、供应商、律师、股东、监管者、外部审计师的沟通;
⑩ 明确审计、内部控制、财务等部门在反舞弊机制建设中的作用。

要求:
(1) 内部控制的要素包括哪些?并加以说明。
(2) 该案例中体现了内部控制的哪些要素?该要素在五个内部控制要素中地位和作用是什么?

2. 某公司是一家台资企业,是多个消费电子产品巨头的供应商,主要生产中小尺寸液晶显示屏,是世界上最大的手机触摸屏生产商。拥有多项核心专利技术,为了保证这些核心专利技术不外流,该公司在办公大楼内安装了监视系统,并为相关办公室安装了门禁系统,只有少数几个人才有相应权利进入。该公司生产过程中需要采用一种名为"×××"的原材料,该种原材料价格昂贵,企业将该材料的保管和清点分别交由两个不同部门的员工负责,并为该材料领用单编制了连续号码。根据上述信息请说明该公司都采取了哪些内部控制活动?

3. 某公司召开董事会,针对新公布的相关配套指引展开讨论,会议研究决定责成该公司管理层在现有内部控制基础上,根据《企业内部控制基本规范》及相关配套指引的制定原则和要求,有效地巩固和健全公司的内部控制制度,并报董事会批准后执行。2010年11月,甲公司管理层向董事会提交了修改后的内部控制制度,其要点如下:

(1) 组织机构设立。按照国家有关法律法规、股东(大)会决议和企业章程,明确董事会、监事会、管理层和企业内部各层级机构设置、人员编制、职责权限、工作程序和相关要求的制度安排。单独设立内部审计机构,配备与其职责要求相适应的审计人员,为提高内部审计机构的管理效率,由公司财务总监直接管辖,并对总经理负责。总经理定期将内部审计机构的报告提交给公司董事会下设的审计委员会。
……
(2) 建立企业文化。将文化建设融入到生产经营过程中,切实做到文化建设与发展战略的有机结合,增强员工的责任感和使命感,促使员工自身价值在企业发展中得到充分体现。将企业文化的建设与员工思想教育结合起来,提高基层员工的文化素养和内在素质,为避免资源的浪费,对已经取得大学本科以上学历的人员可不再进行培训。
……
(3) 风险评估方法。公司应当采用定性的方法,按照风险发生的可能性及其影响程度等,对识别的风险进行分析和排序。根据风险分析的结果,结合风险承受度,确定风险应对策略。风险策略的选择从风险规避和风险承受两个角度出发,如果可以承受的风险,就选择风险承受,如果无法接受的,就选择风险规避。

……

（4）建立内部控制制度评价制度。公司定期对与实现内部控制目标相关的内部环境、风险评估、控制活动、信息与沟通、内部监督等内部控制要素进行全面系统有针对性的评价。公司对内部控制缺陷进行综合判断，按其严重程度分为重大缺陷、重要缺陷和一般缺陷。管理层负责重大缺陷的整改，接受董事会的监督。审计委员会负责重要缺陷的整改，接受董事会的监督。内部审计机构负责一般缺陷的整改，接受管理层的监督。为了提高内部控制制度评价的工作效率，也为了增强内部控制制度评价的工作质量，公司预备借助中介机构或外部专家实施内部控制评价，安排为公司提供内部控制审计服务的会计师事务所每年实施一次内部控制制度评价工作，并于每年的5月15日提交内部控制评价报告。

要求：从内部控制规范理论和方法角度，指出甲公司管理层提交的修改后的内部控制实施方案中各要点中的不当之处，并简要说明理由。

4. 据有关财经报道，近年来中国银行已发生多起内部挪用公款案件，涉及巨额资金，具体可见表8-1。

表8-1　近年中国银行内部挪用公款案件

犯案时间	涉案分行	涉案金额
1992 年	广东	1900 万港元
1993～1995 年	中山	4.27 亿元人民币
1993～2001 年	开平	39 亿港元
2003 年	顺德	3415 万港元
2003～2004 年	北京	3000 万元人民币
2004 年	湖北	460 万元人民币
2004 年	沈阳	100 多万元人民币
2005 年	唐山	196 万元人民币
2006 年	黑龙江	4 亿元人民币
2006～2007 年	宜城	260 万元人民币
2007～2008 年	沈阳	320 万元人民币

要求：
（1）查阅相关资料，进一步了解上述涉案分行违法违规的具体事实。
（2）应用内部控制的基本原理对其进行分析。

五、思考题

1. 什么是内部控制？为什么企业需要建立内部控制制度？
2. 谈谈你对企业内部控制基本原理的理解。
3. 内部控制制度最核心的思想是什么？
4. 内部控制的局限性是什么？造成其局限性的原因有哪些？
5. 当商店采购商品时，为什么具体部门不允许直接与供应商联系？
6. 谈谈你对财务"一支笔"与内部控制原则的理解。
7. 某公司业务部门经理与财务部门经理发生争执，因为业务部门经理发生的费用经总经理审批后，财务部门经理拒绝办理报销。业务部门经理说："总经理都批了，你还罗嗦什么？"财务部门经理说："总经理批了算什么，要先经过财务部门！"请根据内部控制原理发表你对此争议的看法

第八章　参考答案

一、重要名词　（略）

二、选择题

1.ABCD　2.AC　3.ACD　4.D　5.BCD　6.ABCD　7.ABCD　8.ABCD　9.ABCD
10.C　11.D　12.ACD　13.D　14.ABCD　15.ABD　16.C　17.ABC　18.ABCD　19.A

三、判断题

1.√　2.×　3.√　4.√　5.×　6.√　7.×　8.×　9.×　10.×　11.×　12.×　13.×
14.√　15.√　16.×　17.√

四、案例分析

1.（1）内部控制的要素包括内部环境、风险评估、控制活动、信息与沟通和内部监督。内部环境是企业实施内部控制的基础，为其他要素提供规则和结构，一般包括治理结构、机构设置及权责分配、内部审计、人力资源政策、企业文化等；风险评估是企业及时识别、系统分析经营活动中与实现内部控制目标相关的风险，进行风险管理，合理确定风险应对策略的过程；控制活动是企业根据风险评估结果，采用相应的控制措施，将风险控制在可承受度之内，一般包括不相容职务分离控制、授权审批控制、会计系统控制、财产保护控制、预算控制、运营分析控制和绩效考评控制等；信息与沟通是企业及时准确地收集、传递与内部控制有关的信息，确保信息在企业内部、企业与外部之间进行有效沟通，保证及时报告并解决相关问题的过程；内部监督是企业对内部控制建立与实施情况进行监督检查，评价内部控制的有效性，发现内部控制缺陷并及时加以改进的过程。

（2）该案例中体现了内部控制的信息与沟通要素。信息与沟通在这五个要素中处于一个承上启下、沟通内外的关键地位。控制环境与其他组成因素之间的相互作用需要通过信息与沟通这一桥梁才能发挥作用。风险评估、控制活动和内部监督的实施需要以信息与沟通结果为依据，它们的结果也需要通过信息与沟通渠道来反映。缺少了信息传递与内外沟通，内部控制其他因素就可能无法保持紧密的联系，整合框架也就不再是一个有机的整体。

2.第一，财产保护控制。该公司在办公大楼内安装了监视系统，并为相关办公室安装了门禁系统，只有少数几个人才有相应权利进入这些措施属于财产保护控制；第二，不相容职责分离控制。该控制要求企业全面系统分析、梳理业务流程中的不相容职务，防止具有欺骗性的活动发生或未被查出。该公司生产过程中需要采用一种名为"×××"的原材料，企业将该材料的保管和清点分别交由两个不同部门的员工负责，就是属于这种控制；第三，会计系统控制。为该材料领用单编制了连续号码即属于此类控制。此类控制要求在会计系统中正确地记录交易，依靠会计记录能够追踪每项交易，核对计算。

3.（1）不当之处：内部审计机构由公司财务总监直接管辖，并对总经理负责。总经理定期将内部审计机构的报告提交给公司董事会下设的审计委员会。

理由：内部审计的一个重要部分就是对财务信息的审计，财务会计部就是被审计部门之一，将内部审计部设置在财务会计部下，则很难保证内部审计的独立性。在这种设置方式下，内审机构只是开展部分日常性的审计工作，极大削弱了内部审计的功能和作用，独立性严重受损，因此，这种设置方式是不可取的。为提高内部审计机构的独立性，便于其与经营管理层的沟通与监督评价，内部审计机构最好由董事会下设的审计委员会进行管理，审计委员会通过批准内部审计机构负责人的任免、工作日程、人员预备计划、费用预算的审查和批准以及和决策管理人员一起复查组织内部审计人员的业绩等方式，与决策管理部门共同承担管理内部审计部门的责任。

（2）不当之处：为避免资源的浪费，对已经取得大学本科以上学历的人员可不再进行培训。

理由：企业文化体现为人本管理理论的最高层次，是希望通过一种无形的文化力量形成一种行为准则、价值观念和道德规范，凝聚整个企业所有成员的归属感、积极性和创造性，并不能够将学历作为标准进行划分，决定是否进行文化教育。

（3）不当之处①：公司应当采用定性的方法，按照风险发生的可能性及其影响程度等，对识别的风险进行分析和排序。

理由：在风险评估的方法中，不仅仅包括定性方法，还包括定量方法，企业应当采用定性和定量相结合的方法，按照风险发生的可能性及其影响程度等，对识别的风险进行分析和排序，确定应重点关注和优先控制的风险。

不当之处②：风险策略的选择从风险规避和风险承受两个角度出发，如果可以承受的风险，就选择风险承受，如果无法接受的，就选择风险规避。

理由：风险应对的策略不仅仅有风险规避和风险承受，还包括风险降低和风险分担。在权衡了成本效益原则后，可以采用适当的控制措施降低风险或减轻损失，将风险控制在风险承受度之内，这是风险降低。企业可以借助他人的力量，采取业务分包、购买保险等方式和适当的控制措施，将风险控制在风险承受度之内，这是风险分担。

（4）不当之处①：管理层负责重大缺陷的整改，接受董事会的监督。审计委员会负责重要缺陷的整改，接受董事会的监督。内部审计机构负责一般缺陷的整改，接受管理层的监督。

理由：董事会负责重大缺陷的整改，接受监事会的监督。管理层负责重要缺陷的整改，接受董事会的监督。内部有关单位负责一般缺陷的整改，接受管理层的监督。

不当之处②：公司预备借助中介机构或外部专家实施内部控制评价，安排为公司提供内部控制审计服务的会计师事务所每年实施一次内部控制制度评价工作，并于每年的5月15日提交内部控制评价报告。

理由：公司预备借助中介机构或外部专家实施内部控制评价时，参与企业内部控制评价的中介机构不得同时为同一企业提供内部控制审计服务。企业应当以12月31日作为年度内部控制评价报告的基准日，也可选择6月30日为基准日。内部控制评价报告应于基准日后4个月内报出。

4. 应用内部控制的基本原理对所收集到的涉案分行具体违法违规情况进行分析。（略）

五、思考题　（略）

第九章

会计系统中的内部控制

一、重要名词

会计制度　现金管理　银行存款管理　存货控制　会计系统　一般控制　应用控制

二、选择题（包括单选和多选）

1. 现金管理的目标主要包括是（　　）。
   A. 保证现金安全
   B. 保证现金完整
   C. 随时保证有足额现金供企业日常活动需要
   D. 符合国家相关政策的需要

2. 下列情形中，符合现金收支业务中相关职务必须分离的是（　　）。
   A. 由出纳人员兼任会计档案保管工作
   B. 由出纳人员保管签发支票所需全部印章
   C. 由出纳人员兼任收入总账和明细账的登记工作
   D. 由出纳人员负责现金和银行存款日记账的登记工作

3. 从现金的控制方式上看，现金稽核制度大体包括以下几种形式（　　）。
   A. 现金收支两条线制度　　　　B. 现金支付的备用金制度
   C. 现金的内部结算中心制度　　D. 现金控制的内部银行制度
   E. 现金控制的财务公司制度

4. 下列各项中不违反现金内部控制的是（　　）。
   A. 现金收入直接用于公司的支出
   B. 在办理费用报销的付款手续后，出纳人员应及时登记现金、银行存款日记账和相关费用明细账
   C. 负责成本核算的会计人员应每月核对一次银行存款账户
   D. 期末应当核对银行存款日记账余额和银行对账单余额。对余额核对相符的银行存款账户，无须编制银行存款余额调节表

5. 现金控制要求做到（　　）。
   A. 实行现金库存限额管理　　B. 明确现金开支范围
   C. 严禁现金坐支　　　　　　D. 现金定期盘点

6. 银行存款控制要求做到（　　）。

A. 银行存款收付业务的相关人员职责分离
B. 严格支票管理
C. 现金收入及时存入银行
D. 定期将企业银行存款日记账与银行送来的企业银行存款对账单进行核对

7. (　　) 根据银行存款收付记账凭证登记银行存款日记账。
 A. 出纳人员　　　　　　　B. 记账人员
 C. 会计人员　　　　　　　D. 稽核人员

8. 出纳人员与相关会计人员在(　　)的监督下,核对银行存款日记账与总账的发生额、余额是否一致。
 A. 会计主管　　　　　　　B. 记账人员
 C. 出纳人员　　　　　　　D. 稽核人员

9. 下列有关现金控制的说法正确的是(　　)。
 A. 会计凭证的复核由稽核人员或其他非记账人员负责
 B. 会计人员根据现金收付记账凭证登记现金日记账
 C. 出纳人员每日清点库存现金实有数,并与现金日记账相互核对
 D. 原始凭证的审核由会计主管或其指定人员负责

10. 银行存款的控制环节中,既是业务流程中的关键控制点,又是银行存款内部控制的重点环节的是(　　)。
 A. 审核、结算　　　　　　　B. 复核、记账
 C. 记账、对账　　　　　　　D. 审批、对账

11. 下列关于存货的盘点与处置控制说法正确的是(　　)。
 A. 存货的盘盈、盘亏应当及时编制盘点表
 B. 仓储部门应通过盘点、清查、检查等方式全面掌握存货的状况
 C. 企业应当制定详细的盘点计划,合理安排人员、有序摆放存货
 D. 企业选择的存货盘点制度应明确盘点范围、方法、人员、频率和时间

12. 存货控制的目标主要包括(　　)。
 A. 保证存货的账存数和实存数相符
 B. 保证有足额的存货
 C. 存货的计价正确合理,以确保列入损益表的成本恰当
 D. 合理经济地购入材料(商品)及制造商品

13. 存货业务的不相容岗位至少包括(　　)。
 A. 请购与审批　　　　　　　B. 采购与验收、付款
 C. 保管与相关会计记录　　　D. 发出的申请与审批
 E. 处置的申请与审批

14. 下列关于存货计价方法说法正确的是(　　)。
 A. 存货计价方法一经选定,就不得更改
 B. 企业应根据经济环境选择恰当的存货计价方法
 C. 如确实需要改变计价方法,应在附注中说明原因及对当期财务状况的影响
 D. 要对存货计价方法进行严格管理,否则易导致利用存货计价方法进行利润操纵

15. 在现金控制环节中,(　　)是最为关键的环节,是现金业务流程中的关键控制点。
 A. 审批、核对与清点　　　　B. 审核、复核与盘点
 C. 审批、复核与核对　　　　D. 审核、清点与盘点

第九章 会计系统中的内部控制

16. 下列各项中，违背有关货币资金内部控制要求的有（　　）。
    A. 采购人员超过授权限额采购原材料
    B. 未经授权的机构或人员直接接触企业资金
    C. 出纳人员长期保管办理付款业务所使用的全部印章
    D. 出纳人员兼任会计档案保管工作和债权债务登记工作
    E. 主管财务的副总经理授权财务部经理办理资金支付业务

17. 存货的采购业务流程主要包括（　　）。
    A. 请购　　　　B. 审批　　　　C. 购买
    D. 验收　　　　E. 付款

18. 下列各项中属于一般控制的是（　　）。
    A. 系统软件控制　　　　B. 数据中心操作控制
    C. 入口安全控制　　　　D. 应用系统开发和维护控制

19. 下列关于一般控制与应用控制的关系，说法正确的是（　　）。
    A. 应用控制依赖于一般控制
    B. 一般控制以应用控制为前提
    C. 一般控制用于支持应用控制的功能
    D. 二者相互关联，都用于保证信息处理过程的完整性和准确性

20. 信息系统内部控制的目标是（　　）。
    A. 增强信息系统的安全性、可靠性和合理性
    B. 为建立有效的信息与沟通机制提供支持保障
    C. 促进企业有效实施内部控制
    D. 确保相关信息的保密性、完整性和可用性
    E. 提高企业现代化管理水平，减少人为操纵因素

21. 信息系统的日常运行维护的目标是（　　）。
    A. 保障信息系统安全
    B. 防止信息系统停止运行
    C. 保证系统正常、合规、有效运行
    D. 硬件的升级扩容、软件的修改与升级

22. 制定信息系统战略规划的主要风险有（　　）。
    A. 缺乏战略规划或规划不合理，可能造成信息孤岛或重复建设，导致企业经营管理效率低下
    B. 需求本身不合理，对信息系统提出的功能、性能、安全性等方面的要求不符合业务处理和控制的需要
    C. 没有将信息化与企业业务需求结合，信息技术无法有效满足业务需求，降低了信息系统的应用价值
    D. 技术上不可行、经济上成本效益倒挂，或与国家有关法规制度存在冲突
    E. 需求文档表述不准确、不完整，未能真实全面地表达企业需求，存在表述缺失、表述不一致甚至表述错误等问题

23. 对于信息系统运行与维护阶段的不相容职务，下列说法正确的是（　　）。
    A. 对于发生岗位变化或离岗的用户，用户部门应当及时通知系统管理人员调整其在系统中的访问权限或关闭账号
    B. 对于超级用户，企业应当严格规定其使用条件和操作程序，并对其在系统中

的操作全程进行监控或审计

　　C. 企业应建立用户管理制度，加强对重要业务系统的访问权限管理，避免将不相容职责授予同一用户

　　D. 企业应当定期对系统中的账号进行审阅，避免存在授权不当或非授权账号

　　E. 企业应当采用密码控制等技术手段进行用户身份识别。对于重要的业务系统，应当采用数字证书、生物识别等可靠性强的技术手段识别用户身份

三、判断题

1. 在会计工作中，要执行钱、物、账分管的原则。　　　　　　　　　　（　　）
2. 现金管理的首要目标是保证现金的安全和完整。　　　　　　　　　　（　　）
3. 出纳应该随时抽查盘点现金，检查现金是否账实相符。　　　　　　　（　　）
4. 银行账户的建立必须经过董事会或类似机构的批准。　　　　　　　　（　　）
5. 内部控制制度成功与否的决定性因素是如何在效率与安全之间进行有效的协调。
　　　　　　　　　　　　　　　　　　　　　　　　　　　　　　　　　（　　）
6. 对存货的会计记录一般不采用永续盘存制。　　　　　　　　　　　　（　　）
7. 对验收过程中发现的异常情况，负责验收的部门或人员应当立即检查原因，并及时进行处理。
　　　　　　　　　　　　　　　　　　　　　　　　　　　　　　　　　（　　）
8. 出纳人员可以同时从事银行对账单的获取、银行存款余额调节表的编制等工作。
　　　　　　　　　　　　　　　　　　　　　　　　　　　　　　　　　（　　）
9. 应用控制是把信息化会计系统看作一个整体来分析控制问题。　　　　（　　）
10. 在信息化会计系统的每个设计阶段，都应有企业代表参加，保证企业与开发单位的沟通。
11. 应用控制常见的措施主要有输入控制、处理控制、输出控制。　　　（　　）
12. 在输出控制环节，应防止处理或更新错误文件。　　　　　　　　　（　　）
13. 可以通过设置用户功能权限、使用数据勾稽关系校验来实现输入控制的目标。
　　　　　　　　　　　　　　　　　　　　　　　　　　　　　　　　　（　　）
14. 在计算机处理业务过程中，最容易出错和作弊的环节是数据输入，因此必须加强输入控制。
　　　　　　　　　　　　　　　　　　　　　　　　　　　　　　　　　（　　）
15. 企业代管、代销、暂存、受托加工的存货，不应纳入本企业的存货管理。
　　　　　　　　　　　　　　　　　　　　　　　　　　　　　　　　　（　　）
16. 在信息系统开发过程中，每个阶段都是相互独立的，所以可以忽略其顺序，先完成相对简单的任务。
　　　　　　　　　　　　　　　　　　　　　　　　　　　　　　　　　（　　）

四、练习题

某新成立的公司招聘了三名会计人员，负责完成以下十项工作：
（1）登记现金日记账；
（2）登记银行存款日记账；
（3）登记应付账款明细账；
（4）登记库存商品明细账；
（5）登记应收账款明细账；
（6）处理并送存所收入的现金；

(7) 开具退货拒付通知书；
(8) 调节银行对账单；
(9) 登记总账,处理账务管理日常工作；
(10) 编制会计报表。

要求：将上述十项工作分配给三名会计人员，使会计工作起到较好的内控作用，并使三个人的工作量基本相等。

五、案例分析

1. 资料：某大型企业为加强内部控制建设，聘请一家会计师事务所对其内部控制设计与运行的有效性进行检查与评价。在检查中发现的有关货币资金控制的问题如下：

(1) 为了保证库存现金账面余额与实际库存相符，每月末定期进行现金盘点，发现不符，及时查明原因，做出处理。

(2) 对于银行预留印鉴的管理：财务专用章由财务主管保管，个人名章应由法定代表人管理，法定代表人不在期间，由财务主管代为保管。

(3) 为加强货币支付管理，货币资金支付审批实行分级管理办法：单笔付款金额在10万元以下的，由财务部经理审批；单笔付款金额在10万元以上、50万元以下的，由财务总监审批；单笔付款金额在50万元以上的，由总经理审批。

(4) 财务部门主管人员为本公司法定代表人的同学，出纳人员为财务主管的女儿。

要求：从内部控制角度，分析、判断并指出以上内部控制中存在哪些薄弱环节，并说明理由。

2. 资料：某企业仓库保管员负责登记存货明细账，以便对仓库中的所有存货项目的验收、发出、存储进行永续记录。如果仓库保管员有时间，偶尔也会对存货进行实地盘点。平时，各车间或其他部门如果需要领取原材料，都可以填写领料单，仓库保管员根据领料单发出原材料。当收到验收部门送交的存货和验收单后，保管员根据验收单登记存货入库单。公司辅助材料的用量很少，因此领取辅助材料时，没有要求使用领料单，各车间经常有辅助材料剩余，这些材料由车间自行保管，无须通知仓库。

根据上述资料，请回答以下问题：
(1) 你认为该企业的存货内部控制存在哪些缺陷，这些缺陷可能导致哪些错弊？
(2) 针对该企业存货内部控制的缺陷，提出改进建议。

3. 资料：某银行进行信用卡客户信息管理的信息系统开发设计，考虑到成本效益问题，该银行采用业务外包的方式进行开发。在开发过程中，银行派信用卡管理部门的工作人员小陈同外包商一起进行该项工作，为外包商提供关于银行需求的详细信息，同时也参与信息系统开发的程序设计工作。信息系统开发完成后，交由银行进行系统的初始化录入工作。由于小陈参与了系统开发，对该系统比较了解，银行决定仍由他主持参与该系统的初始化工作。在录入过程中，小陈利用自己对系统程序的掌握，在信用卡透支限额扫描、超额锁卡等信息录入中，篡改了程序，使系统扫描跳过了对自己的信用卡的检测，使自己的信用卡不会因透支限额限制而停止使用。但是一年多以后，由于一次偶发的停电事故，银行不得不对信用卡透支额度做人工扫描，这时才发现小陈的信用卡已存在巨额透支，并且仍可以正常使用，而系统却从未检测到。经过有关部门的调查取证，最终对小陈进行了相应处罚，银行也修复了信用卡信息系统。

要求：根据资料，分析该银行在信息系统开发、维护等阶段存在何种风险，应该如何应对。

六、思考题

1. 为什么企业对涉及现金的业务控制得尤其严格？
2. 银行存款的管理措施有哪些？
3. 企业现金的内部控制与银行存款的内部控制侧重点有什么不同？
4. 你能说出在存货控制的方法中哪一条或哪几条体现了内部控制中不相容职务相分离这一原则吗？
5. 谈谈存货计价方法选择将如何影响存货控制。
6. 会计系统中的输入控制和输出控制有何异同？

第九章　参考答案

一、重要名词　（略）

二、选择题

1.ABCD　2.D　3.ABCDE　4.C　5.ABCD　6.ABD　7.A　8.AD　9.ACD　10.D　11.ABCD　12.ACD　13.ABCDE　14.BCD　15.A　16.BCDE　17.ABCDE　18.ABCD　19.ACD　20.ABCDE　21.C　22.AC　23.ABCDE

三、判断题

1.√　2.√　3.×　4.√　5.√　6.×　7.×　8.×　9.×　10.√　11.√　12.×　13.×　14.√　15.×　16.×

四、练习题

分配给第一个会计人员的工作是：(9)(10)
分配给第二个会计人员的工作是：(1)(2)(6)(8)
分配给第三个会计人员的工作是：(3)(4)(5)(7)

五、案例分析

1. 提示：

（1）"为了保证库存现金账面余额与实际库存相符，每月末定期进行现金盘点。"不恰当，库存现金应当进行突击式盘点，所以单位应当定期和不定期地进行现金盘点。

（2）"法定代表人不在期间，由财务主管代为保管。"不恰当。严禁一人保管支付款项所需的全部印章。

（3）"单笔付款金额在50万元以上的，由总经理审批"不恰当。根据规定，单位对于重要货币资金支付业务，应当实行集体决策和审批。

（4）"出纳人员为财务主管的女儿。"不恰当。会计机构负责人的直系亲属不得担任本单位出纳人员。

2. 提示：

存在的缺陷和可能导致的弊端：

（1）存货的保管和记账职责未分离，将可能导致存货保管人员监守自盗，并通过篡改存货明细账来掩饰舞弊行为，存货可能被高估。

（2）未实行定期盘点制度。将可能导致存货出现账实不符现象，且不能及时发现，及计价不准确。

（3）领取原材料未进行审批控制。将可能导致原材料的领用失控，造成原材料的浪费或被贪污，以及生产成本的虚增。

（4）仓库保管员收到存货时不填制入库通知单，而是以验收单作为记账依据。将可能导致一旦存货数量或质量上发生问题，无法明确是验收部门还是仓库保管人员的责任。

（5）领取辅助材料时未使用领料单和进行审批控制、对剩余的辅助材料缺乏控制。将可能导致辅助材料的领用失控，造成辅助材料的浪费或被贪污，以及生产成本的虚增。

存货内部控制的改进建议：

（1）建立永续盘存制，仓库保管人员设置存货台账，按存货的名称分别登记存货收、发、存的数量；财务部门设置存货明细账，按存货的名称分别登记存货收、发、存的数量、单价和金额。

（2）实行存货的定期盘点。

（3）对原材料和辅助材料等各种存货的领用实行审批控制。即各车间根据生产计划编制领料单，经授权人员批准签字，仓库保管员经检查手续齐备后，办理领用。

（4）仓库保管员在收到验收部门送交的存货和验收单后，根据入库情况填制入库通知单，并据以登记存货实物收、发、存台账。入库通知单应事先连续编号，并由交接各方签字后留存。

（5）对剩余的辅助材料实施假退库控制。

3. 提示：

资料中该银行存在的风险主要是在信息系统的安全与维护方面：

（1）业务部门信息安全意识薄弱，对系统和信息安全缺乏有效的监管手段，而且没有做到不相容职务必须分离。在本案例中，信息系统的开发与操作小陈都有参与，缺乏监督机制，给案例中的行为提供了机会。

（2）系统使用后没有做到定期维护、检测系统，没有确认系统是不是适合企业，有没有漏洞等等，使小陈的行为持续了一年多而没有被发现。

应对措施：

（1）应当建立信息系统开发、运行与维护等环节的岗位责任制和不相容职务分离制度，防范利用计算机进行舞弊和犯罪。一般而言，系统开发建设人员、系统管理和维护人员和系统操作使用人员这三种人员处于不相容的岗位，他们的职务必须分离，例如开发人员在运行阶段不能操作使用信息系统，否则就可能发生本案例中小陈利用自己对程序设计的掌握，篡改程序，为自己谋私利的现象。而且信息系统使用人员也要区分不同岗位，包括业务数据录入、数据检查、业务批准等，在他们之间也应有必要的相互牵制。

（2）应定期对信息系统进行检测、维护，确保系统安全、没有漏洞，使系统能更高效地发挥作用。

六、思考题　（略）

第十章 财产清查

一、重要名词

财产清查　全面清查　　局部清查　　定期清查　　不定期清查　实地盘点法　　核对法　　未达账项　查询法　　技术推算法

二、选择题（包括单选和多选）

1. 财产清查的正确分类方法有（　　）。
   A. 全面和局部清查　　　　　　　　B. 定期和局部清查
   C. 定期和不定期清查　　　　　　　D. 全面和定期清查
2. 全面清查适用于以下几种情况（　　）。
   A. 企业按规定进行清产核资
   B. 企业撤销、合并或改变隶属关系
   C. 年终决算之前，为确保年报的真实性
   D. 主要行政领导人调离现任工作岗位
3. 不定期清查主要在下列特殊情况下进行（　　）。
   A. 年终决算时　　　　　　　　　　B. 变更财产物资和现金保管人员时
   C. 发生非常灾害造成财产物资受损时　D. 有关部门对企业进行审计时
4. 年终决算前，企业进行财产清查的情形是（　　）。
   A. 对企业所有财产进行全面清查
   B. 对企业一部分财产进行局部清查
   C. 对企业所有财产进行技术推算盘点
   D. 对企业流动性较大的财产进行全面清查
5. 企业进行现金清查时，如发现现金短缺，分情况处理可记入（　　）科目。
   A. 营业外支出　　　　　　　　　　B. 管理费用
   C. 其他应收款　　　　　　　　　　D. 销售费用
6. 对于实物资产的清查，可采用的清查方法有（　　）。
   A. 实地盘点法　　　　　　　　　　B. 发函询证法
   C. 技术推算法　　　　　　　　　　D. 对账单核对法
7. 对于大量成堆难以逐一清点的财产物资的清查，一般采用（　　）方法进行清查。
   A. 实地盘点　　　　　　　　　　　B. 抽样检验

C. 询证核对　　　　　　　　D. 技术推算盘点

8. 下列各项中，构成账实核对主要内容的有（　　）。
   A. 现金日记账与现金实存数的核对
   B. 材料明细账与材料实存数的核对
   C. 银行存款日记账与银行对账单的核对
   D. 应收账款明细账与债务单位对账单的核对
   E. 固定资产明细账与固定资产实存数的核对

9. 各种应收、应付账项的清查，包括下列（　　）的查核。
   A. 尚未报销的职工预借款项
   B. 对本企业职工的各种代垫、代付账项
   C. 本企业与内部各部门之间的应收、应付结算账项
   D. 本企业与外部其他企业单位的应收、应付结算账项

10. 根据管理上的需要，现金要（　　）。
    A. 每日盘点一次　　　　　　B. 进行轮流清查或重点清查
    C. 至少每月盘点一次　　　　D. 每月与银行核对一至两次

11. 对银行存款进行清查时，需核对的账目是（　　）。
    A. 银行存款日记账与总账
    B. 银行存款日记账与银行对账单
    C. 银行存款总账与银行存款收付款凭证
    D. 银行存款日记账与银行存款收付款凭证

12. 在记账无误的情况下，银行对账单与银行存款日记账账面余额不一致的原因是（　　）。
    A. 未达账项　　　　　　　　B. 应收账款
    C. 应付账款　　　　　　　　D. 暂收和暂付款

13. 下列各项中，构成未达账项的有（　　）。
    A. 企业已经入账银行尚未入账的收入事项
    B. 银行已经入账企业尚未入账的收入事项
    C. 企业已经入账银行尚未入账的付出事项
    D. 银行已经入账企业尚未入账的付出事项

14. 经过"银行存款余额调节表"调整后的银行存款余额为（　　）。
    A. 企业账上的银行存款余额
    B. 银行账上的银行存款余额
    C. 企业可动用的银行存款余额
    D. 企业应当在会计报表中反映的银行存款余额

15. 下列各项中，可以作为财产清查原始凭证的有（　　）。
    A. 实存账存对比表　　　　　B. 现金盘点报告表
    C. 未达账项登记表　　　　　D. 结算款项核对登记表

16. 某企业原材料盘亏，现查明原因，属于定额内损耗，按照规定予以转销时，应编制的会计分录为（　　）。
    A. 借：待处理财产损益　　　B. 借：待处理财产损益
        贷：原材料　　　　　　　　贷：管理费用
    C. 借：管理费用　　　　　　D. 借：营业外支出

　　　　贷：待处理财产损益　　　　　　　贷：待处理财产损益
17. "待处理财产损益"科目借方核算的内容有（　　）。
　　A. 发生的待处理财产的盘盈数
　　B. 结转已批准处理的财产盘盈数
　　C. 发生的待处理财产的盘亏数和毁损数
　　D. 转销已批准处理的财产盘亏数和毁损数
18. 盘亏的固定资产经批准后，应将其金额借记的会计科目是（　　）。
　　A. 累计折旧　　　　　　　　B. 营业外收入
　　C. 营业外支出　　　　　　　D. 待处理财产损益
19. 在固定资产盘亏核算中，记入"营业外支出"科目的金额是固定资产的（　　）。
　　A. 原始价值　　B. 账面净值　　C. 重置价值　　D. 折旧价值
20. 清查中财产盘亏是由于保管人员失职所造成的，应计入（　　）。
　　A. 管理费用　　B. 生产成本　　C. 营业外支出　　D. 其他应收款

三、判断题

1. 财产管理和会计核算工作较好的单位可以不进行财产清查。　　　　　　（　　）
2. 账实核对实际上就是财产清查。　　　　　　　　　　　　　　　　　　（　　）
3. 单位撤销时，应进行局部清查。　　　　　　　　　　　　　　　　　　（　　）
4. 在一般情况下，全面清查既可以是定期清查，也可以是不定期清查。　　（　　）
5. 局部清查一般适用于对流动性较大的财产物资和货币资金的清查。　　　（　　）
6. 不定期清查从其清查的对象和范围来看，只能是局部清查。　　　　　　（　　）
7. 某企业仓库意外失火，为查明损失，决定立即进行盘点，按照财产清查的范围，它应属于局部清查，按照清查的时间应属于不定期清查。　　　　　　　　（　　）
8. 实物清查和现金清查均应背对背进行，因此实物保管人员和出纳人员不能在场。
　　　　　　　　　　　　　　　　　　　　　　　　　　　　　　　　　　（　　）
9. 账实不符是财产管理不善或会计人员水平不高的结果。　　　　　　　　（　　）
10. 在进行财产清查前，会计部门应将所有账目全部登记入账，结出余额，核对清楚，做到账簿记录完整，计算准确，账证相符，账账相符。　　　　　　　（　　）
11. 进行财产清查时，如发现账存数大于实存数，即为盘盈。　　　　　　（　　）
12. 采用永续盘存制的企业，对财产物资一般不需要进行实地盘点。　　　（　　）
13. 实地盘存制就是通过逐一点数、过磅或技术推算方法对各项实物进行清查的制度。　　　　　　　　　　　　　　　　　　　　　　　　　　　　　　　（　　）
14. 未达账项是由于企、事业单位的财会人员不及时登账所造成的。　　　（　　）
15. 对财产清查结果进行账务处理时，都必须通过"待处理财产损益"账户。
　　　　　　　　　　　　　　　　　　　　　　　　　　　　　　　　　　（　　）
16. 转销盘盈、盘亏的固定资产，一律作为营业外收支处理。　　　　　　（　　）
17. 对于未达账项应编制银行存款余额调节表进行调节，同时将未达账项编制记账凭证调整入账。　　　　　　　　　　　　　　　　　　　　　　　　　　（　　）
18. 对财产清查结果进行账务处理时，一律调整账存数。　　　　　　　　（　　）
19. 盘亏的材料一般作为营业外支出处理。　　　　　　　　　　　　　　（　　）
20. 盘盈的材料可以冲减管理费用。　　　　　　　　　　　　　　　　　（　　）

四、练习题

1. 某工业企业 2010 年 1 月银行存款日记账 20 日至月末所记的经济业务如下：
（1）20 日开出支票#09478，支付购入材料的货款 1400 元。
（2）21 日存入销货款转账支票 2400 元。
（3）24 日开出支票#09479，支付购料运杂费 700 元。
（4）26 日开出支票#09480，支付下季度的房租 1600 元。
（5）27 日收到销货款转账支票 9700 元。
（6）30 日开出支票#09481，支付日常零星费用 200 元。
（7）31 日银行存款日记账余额 33 736 元。

银行对账单所列 20 日至月末的经济业务如下：
（1）20 日结算银行存款利息 792 元。
（2）22 日收到企业开出支票#09478，金额为 1400 元。
（3）24 日收到销售款转账支票 2400 元。
（4）26 日银行为企业代付水电费 1320 元。
（5）27 日收到企业开出支票#09479，金额为 700 元。
（6）30 日代收外地企业汇来货款 1400 元。
（7）31 日银行对账单余额 26 708 元。

要求：根据以上资料，编制银行存款余额调节表，调节未达账项，并计算出调节后的银行存款余额。

2. 某工业企业 12 月份进行财产清查后，实存账存对比表反映：
（1）甲材料盘亏 350 千克，每千克 20 元，计价 7000 元。经查，属于定额内损耗，报批审定核销，计入管理费用。
（2）乙材料 200 千克因遇到洪灾遭水浸泡而变质，降级使用，共损失 25 000 元。决定罚库管人员王顺达 100 元，其余核销（由营业外支出列支）。
（3）丙材料盘盈 1600 千克，每千克 20 元，计价 32 000 元。经查，系材料收发过程中计量误差所致，经批准冲减管理费用。
（4）发现账外小推车一辆，估价 2500 元，有三成新，经批准入账。
（5）盘亏设备一台，账面原价 4000 元，已提折旧 2500 元，经批准核销。

要求：根据上列各项资料编制财产清查后以及经批准处理的各项会计分录。

五、案例分析

达成公司出纳员张某由于刚参加工作不久，对于货币资金业务管理和核算的相关规定不甚了解，所以出现一些不应有的错误，有两件事情让他印象深刻，至今记忆犹新。第一件事是在 2011 年 6 月 8 日和 10 日两天的库存现金业务结束后例行的库存现金清查中，分别发现库存现金短缺 50 元和库存现金溢余 20 元的情况，对此他经过反复思考也弄不明白原因。为了保全自己的面子和息事宁人，同时又考虑到两次账实不符的金额又很小，他决定采取下列办法进行处理：库存现金短缺 50 元，自掏腰包补齐；库存现金溢余 20 元，暂时收起。第二件事是达成公司经常对其银行存款的实有额心中无数，甚至有时会影响到公司日常业务的结算，公司经理因此指派有关人员检查一下张某的工作，结果发现，他每次编制银行存款余额调节表时，只根据公司银行存款日记账的余额加或减对账单中企业的未入账款项来确定公司银行存款的实有数而且每次做完此项工作以后，张某就立即将这些未入账的款项登记入账。

问题：

(1) 张某对上述两项业务的处理是否正确？为什么？

(2) 你能给出正确答案吗？

六、思考题

1. 为什么需要财产清查？它与内部控制的关系如何？
2. 思考全面清查与局部清查、定期清查与不定期清查各适用于什么情况？
3. 什么是银行未达账项？未达账项有几种情况？
4. 你能说说为什么流动资产盘盈时贷记"管理费用"等账户而固定资产盘盈时贷记"营业外收入——固定资产盘盈"账户吗？
5. 请思考并举例说明固定资产盘盈可能有哪些情况。

第十章 参考答案

一、重要名词 （略）

二、选择题

1.AC 2.ABCD 3.BCD 4.A 5.ABC 6.AC 7.D 8.ABCDE 9.ABCD 10.A 11.B 12.A 13.ABCD 14.C 15.AB 16.C 17.BC 18.C 19.B 20.D

三、判断题

1. × 2. √ 3. × 4. √ 5. √ 6. × 7. √ 8. × 9. × 10. √ 11. × 12. × 13. × 14. × 15. × 16. √ 17. × 18. √ 19. × 20. √

四、练习题

1.

银行存款余额调节表

项目	金额	项目	金额
企业的银行存款账面余额	33 736	银行对账单余额	26 708
加：银行已收入账企业尚未入账		加：企业已收入账银行尚未入账	
(1)存款利息	792	(1)存入转账支票	9 700
(2)银行代收款	1 400		
减：银行已付入账企业尚未入账		减：企业已付入账银行尚未入账	
(1)银行为企业代付水电费	1 320	(1)企业开出支票	1 600
		(2)企业开出支票	200
调节后的存款余额	34 608	调节后的存款余额	34 608

2. 清查后，报批处理前的分录：

(1) 借：待处理财产损益　　　7000

    贷：原材料——甲材料   7000
(2) 借：待处理财产损益 25 000
    贷：原材料——乙材料   25 000
(3) 借：原材料——丙材料 32 000
    贷：待处理财产损益   32 000
(4) 借：固定资产 2500
    贷：累计折旧   1750
      待处理财产损益 750
(5) 借：待处理财产损益 1500
   累计折旧   2500
    贷：固定资产   4000

审定核销后的分录：
(1) 借：管理费用   7000
    贷：待处理财产损益   7000
(2) 借：营业外支出   24 900
   其他应收款   100
    贷：待处理财产损益   25 000
(3) 借：待处理财产损益 32 000
    贷：管理费用   32 000
(4) 借：待处理财产损益 750
    贷：营业外收入   750
(5) 借：营业外支出   1500
    贷：待处理财产损益   1500

五、案例分析

  达成公司出纳员张某对其在20×2年6月8日和10日两天的库存现金清查结果的处理方法都是错误的。他的处理方法的直接后果可能会掩盖公司在库存现金管理和核算中存在的诸多问题，有时可能会是重大的经济问题。因此，凡是出现账实不符的情况时，必须按照有关的会计规定进行处理。按照规定，现金清查中发现短缺的现金，应按短缺的金额，借记"其他应收款——库存现金短款"科目，贷记"库存现金"科目；在库存现金清查中发现溢余的库存现金，应按溢余的金额，借记"库存现金"科目，贷记"其他应付款——库存现金长款"科目，待查明原因后再进行处理。银行存款实有数与企业银行存款日记账余额或银行对账单余额并不总是一致，原因一般有两个方面：第一存在未达账项；第二企业或银行双方可能存在记账错误。张某在确定企业银行存款实有数时，只考虑了第一个方面的因素，而忽略了第二个方面的因素。如果企业或银行没有记账错误的话，张某的方法可能会确定出银行存款的实有数，但如果存在银行记账错误，则不能正确确定未达账项，不利于下月初的账项调整。另外，张某以对账单为依据将企业未入账的未达账项记入账内也是错误的。这是因为银行的对账单并不能作为记账的原始凭证，企业收款或付款必须取得收款或付款的原始凭证才能记账。这是记账的基本要求。

六、思考题 （略）

第十一章

账务处理程序与会计信息化

一、重要名词

账务处理程序　记账凭证账务处理程序　汇总记账凭证账务处理程序　汇总收款凭证　汇总付款凭证　汇总转账凭证　科目汇总表账务处理程序　日记总账账务处理程序　多栏式日记账账务处理程序　会计电算化　会计信息化

二、选择题（包括单选和多选）

1. 各种账务处理程序之间的主要区别在于（　　）不同。
   A. 企业的会计制度　　　　　B. 反映经济业务的内容
   C. 登记总账的依据和方法　　D. 所采用的会计核算方法
2. 各种账务处理程序的基本相同点有（　　）。
   A. 登记总分类账的依据和方法相同
   B. 登记明细账的依据和方法相同
   C. 填制记账凭证的依据相同
   D. 编制会计报表的依据和方法相同
3. 科目汇总表账务处理程序和汇总记账凭证账务处理程序的主要相同点是（　　）。
   A. 登记总账的依据相同
   B. 记账凭证都需要汇总并且记账步骤相同
   C. 会计凭证的种类相同
   D. 记账凭证汇总的方法相同
4. 会计核算基本模式包括（　　）三个主要环节。
   A. 会计凭证　　　　B. 账户账簿　　　　C. 凭证汇总表
   D. 试算平衡表　　　E. 科目汇总表　　　F. 会计报表
5. 在下列账务处理程序中，最基本的账务处理程序是（　　）。
   A. 日记总账账务处理程序　　B. 记账凭证账务处理程序
   C. 科目汇总表账务处理程序　D. 汇总记账凭证账务处理程序
6. 在汇总记账凭证账务处理程序下，应设置（　　）等。
   A. 总分类账
   B. 收款凭证、付款凭证和转账凭证
   C. 库存现金和银行存款日记账

D. 汇总收款凭证、汇总付款凭证和汇总转账凭证
7. 采用科目汇总表账务处理程序时，月末应将（　　）与总分类账进行核对。
　　A. 银行存款日记账　　　　　　B. 汇总记账凭证
　　C. 明细分类账　　　　　　　　D. 现金日记账
8. 汇总记账凭证账务处理程序适用于（　　）的单位。
　　A. 规模较小，业务量较少　　　B. 规模较小，业务量较多
　　C. 规模较大，业务量较少　　　D. 规模较大，业务量较多
9. 企业选择账务处理程序时应考虑（　　）等因素。
　　A. 企业的规模　　　　　　　　B. 会计准则的特点
　　C. 经济业务的特点　　　　　　D. 经营管理的需要
　　E. 简化核算手续的要求
10. 在不同账务处理程序下，下列可以作为登记总分类账依据的有（　　）。
　　A. 记账凭证　　　　　　　　　B. 汇总记账凭证
　　C. 科目汇总表　　　　　　　　D. 多栏式日记账
11. 在记账凭证账务处理程序下，记账凭证可以采用的格式有（　　）。
　　A. 通用格式　　　　　　　　　B. 单式凭证
　　C. 复式凭证　　　　　　　　　D. 三栏式
12. 企业编制科目汇总表时，汇总的范围是（　　）。
　　A. 全部科目的借方余额　　　　B. 全部科目的贷方余额
　　C. 全部科目的借贷方发生额　　D. 部分科目的借贷方发生额
13. 下列账务处理程序能够简化登记总分类账工作的是（　　）。
　　A. 记账凭证账务处理程序　　　B. 汇总记账凭证账务处理程序
　　C. 科目汇总表账务处理程序　　D. 日记总账账务处理程序
14. 多栏式日记账账务处理程序的优点有（　　）。
　　A. 简化总分类账核算过程　　　B. 效率较高
　　C. 能反映经济业务的来龙去脉　D. 适用业务较多的单位
15. 日记总账账务处理程序的特点在于（　　）。
　　A. 汇总每一账户的借贷方发生额　B. 所有科目集中在一张账页
　　C. 根据日记账登记总账　　　　D. 日记账和总账合一
16. 日记总账账务处理程序适用于（　　）的企业。
　　A. 规模较大、经济业务较多的企业
　　B. 规模较小、经济业务较多的企业
　　C. 规模较小、经济业务不多、所用科目不多的企业
　　D. 规模较大、经济业务不多、所用科目不多的企业
17. 下列有关记账凭证账务处理程序的说法，正确的有（　　）。
　　A. 缺点是登记总分类账的工作量较大
　　B. 优点是简单明了，易于理解
　　C. 适用于规模较小、经济业务量较少的单位使用
　　D. 能进行试算平衡
18. 采用多栏式日记账账务处理程序时，月末对账的内容是（　　）。
　　A. 总账与多栏式现金日记账核对　B. 总账与多栏式银行存款日记账核对
　　C. 总账与明细账核对　　　　　D. 总账与总账核对

19. 在各账务处理程序中，以记账凭证为依据，按有关科目的贷方设置，并按借方科目归类的有（　　）。
  A. 汇总收款凭证　　　　　　B. 汇总付款凭证
  C. 科目汇总表　　　　　　　D. 汇总转账凭证
20. 汇总记账凭证账务处理程序下，记账凭证可以采用的形式有（　　）。
  A. 一借一贷　　　　　　　　B. 一借多贷
  C. 一贷多借　　　　　　　　D. 多借多贷
21. 会计操作技术经历了（　　）发展阶段。
  A. 手工操作　　　　　　　　B. 机械作业
  C. 电算化　　　　　　　　　D. 信息化
22. 采用汇总记账凭证账务处理程序时，"银行存款"总账的登记依据有（　　）。
  A. 汇总现金付款凭证的合计数
  B. 汇总现金收款凭证的合计数
  C. 汇总银行存款付款凭证的合计数
  D. 汇总银行存款收款凭证的合计数
  E. 汇总转账凭证
23. 日记总账账务处理程序下，明细分类账的登记依据有（　　）。
  A. 原始凭证　　　　　　　　B. 日记总账
  C. 汇总原始凭证　　　　　　D. 记账凭证
24. 会计信息化主要为（　　）提供服务。
  A. 财务部门　　　　　　　　B. 信息管理层
  C. 决策支持层　　　　　　　D. 决策层
25. 会计信息化与会计电算化的主要差异体现在（　　）。
  A. 目标不同　　　　　　　　B. 信息输出的区别
  C. 数据处理的区别　　　　　D. 信息输入的区别
  E. 系统地位层次不同

三、判断题

1. 会计信息化以实现会计业务全面信息化为目标。　　　　　　　　　　（　　）
2. 多栏式日记账账务处理程序是将所有的明细账都设为多栏式的日记账格式。
  　　　　　　　　　　　　　　　　　　　　　　　　　　　　　（　　）
3. 会计信息化是信息技术与会计相结合的更高阶段，我国目前已全面普及会计信息化。　　　　　　　　　　　　　　　　　　　　　　　　　　　　　（　　）
4. 在记账凭证账务处理程序下，为了简化核算可以设置多栏式现金日记账、多栏式银行存款日记账、多栏式材料日记账、多栏式销售日记账等。　　　（　　）
5. 会计凭证、账簿和会计报表是记录、储存和反映会计核算资料的三个主要环节。
  　　　　　　　　　　　　　　　　　　　　　　　　　　　　　（　　）
6. 在所有账务处理程序中，账簿组织是核心，会计凭证的种类、格式和填制方法都要与之相适应。　　　　　　　　　　　　　　　　　　　　　　（　　）
7. 同一个企业可以同时采用几种不同的账务处理程序。　　　　　　　（　　）
8. 在汇总记账凭证账务处理程序下，记账凭证必须使用收、付、转三种格式，以便于进行汇总。
  　　　　　　　　　　　　　　　　　　　　　　　　　　　　　（　　）

9. 科目汇总表不仅能起到试算平衡作用，而且可以反映账户之间的对应关系。
（　　）

10. 采用汇总记账凭证账务处理程序时，"银行存款"总账是根据汇总银行存款收款凭证和汇总银行存款付款凭证的合计数登记的。
（　　）

11. 在记账凭证账务处理程序下，需要设置银行存款日记账，一般采用三栏式、多栏式和数量金额式的账页格式。
（　　）

12. 汇总转账凭证是按贷方科目设置，按借方科目归类，定期汇总，按月编制的。
（　　）

13. 由于各企业的业务性质、规模大小、业务繁简各有不同，所以它们所采用的账务处理程序也就有所不同。
（　　）

14. 多栏式日记账账务处理程序一般适用于收付款业务较多，转账业务较多的单位。
（　　）

15. 汇总记账凭证账务处理程序的优点在于可以及时了解资金运动状况。（　　）

16. 汇总收款凭证是按贷方科目设置，按借方科目归类，定期汇总，按月编制的。
（　　）

17. 在汇总记账凭证账务处理程序下，若某一贷方科目的转账凭证数量不多，可以根据转账凭证登记总分类账。
（　　）

18. 日记总账是根据记账凭证逐日逐笔进行登记的。（　　）

19. 会计信息化处于信息技术与会计相结合的最高发展阶段，以实现会计业务全面信息化为目标。
（　　）

四、练习题

1. 练习编制汇总付款凭证、汇总收款凭证和汇总转账凭证。

资料：假定某企业201×年5月发生了以下经济业务。

（1）1日，采购甲材料1吨，计3000元，货款未付。
（2）7日，从银行提取现金2000元备用。
（3）8日，以银行存款支付广告费用2500元。
（4）10日，本月1日采购的甲材料验收入库。
（5）12日，收到A公司偿还原欠货款8000元。
（6）15日，用银行存款支付前欠货款2800元。
（7）16日，购办公用品一批，用银行存款支付250元。
（8）19日，生产部门领用甲材料，计1000元。
（9）23日，销售产品一批，计30 000元，存入银行。
（10）24日，用现金支付管理部门人员交通费150元。
（11）26日，销售产品一批，货款40 000元尚未收到。
（12）28日，管理部门领用甲材料，计400元。

要求：（1）根据以上业务编制会计分录。
（2）根据会计分录编制"银行存款"科目的汇总付款凭证和汇总收款凭证、贷方科目为"原材料"的汇总转账凭证。

汇总付款凭证

贷方科目：银行存款　　　　　　201×年5月　　　　　　汇付字　　第　　号

借方科目	金额				总账页数	
	1—10日	11—20日	21—30日	合计	借方	贷方
合计						

会计主管：　　　　　　记账：　　　　　　复核：　　　　　　制证：

汇总收款凭证

借方科目：银行存款　　　　　　201×年5月　　　　　　汇收字　　第　　号

贷方科目	金额				总账页数	
	1—10日	11—20日	21—30日	合计	借方	贷方
合计						

会计主管：　　　　　　记账：　　　　　　复核：　　　　　　制证：

汇总转账凭证

贷方科目：原材料　　　　　　201×年5月　　　　　　汇转字　　第　　号

借方科目	金额				总账页数	
	1—10日	11—20日	21—30日	合计	借方	贷方
合计						

会计主管：　　　　　　记账：　　　　　　复核：　　　　　　制证：

2. 练习编制科目汇总表

资料：上题中的业务。

要求：根据上述资料编制一张科目汇总表。

五、案例分析

王总在2000年创办了一家股份有限公司，主要从事商品批发与零售业务，注册资本为25万元，规模较小，采用的是记账凭证账务处理程序。随着公司业务的不断发展，规模的不断扩大，近年来，公司每年销售额已达到上亿元，因此，会计人员提出要改变账务处理程序，改用汇总记账凭证账务处理程序。请问：你认为这样做是否合理？

六、思考题

1. 什么是账务处理程序？
2. 简述几种主要账务处理程序的优缺点及适用范围。

3. 简述会计信息化与会计电算化的差异。

第十一章　参考答案

一、重要名词　（略）

二、选择题

1.C　2.BCD　3.B　4.ABF　5.B　6.ABCD　7.ACD　8.D　9.ACDE　10.ABCD
11.A　12.C　13.BCD　14.ABC　15.BD　16.C　17.ABC　18.C　19.BD　20.ABCD
21.ABCD　22.ACD　23.ACD　24.ABCD　25.ABCDE

三、判断题

1.√　2.×　3.×　4.√　5.√　6.√　7.×　8.√　9.×　10.×　11.×　12.√　13.√
14.×　15.×　16.×　17.√　18.√　19.×

四、练习题

1.（1）会计分录

（1）借：材料采购　3000	（7）借：管理费用　250
贷：应付账款　3000	贷：银行存款　250
（2）借：库存现金　2000	（8）借：生产成本　1000
贷：银行存款　2000	贷：原材料　1000
（3）借：销售费用　2500	（9）借：银行存款　30 000
贷：银行存款　2500	贷：主营业务收入　30 000
（4）借：原材料　3000	（10）借：管理费用　150
贷：材料采购　3000	贷：库存现金　150
（5）借：银行存款　8000	（11）借：应收账款　40 000
贷：应收账款—A公司　8000	贷：主营业务收入　40 000
（6）借：应付账款　2800	（12）借：管理费用　400
贷：银行存款　2800	贷：原材料　400

（2）

汇总付款凭证

贷方科目：银行存款　　　　　　　　　201×年5月　　　　　　　　汇付字　第001号

借方科目	金额			合计	总账页数	
	1—10日	11—20日	21—30日		借方	贷方
库存现金	2000			2000		
销售费用	2500			2500		
应付账款		2800		2800		
管理费用		250		250		
合计	4500	3050				

会计主管：　　　　　　　　　　　记账：　　　　　　　　　复核：　　　　　　　　　制证：

汇总收款凭证

借方科目：银行存款　　　　　　　201×年 5 月　　　　　　　汇收字　第 001 号

贷方科目	金额				总账页数	
	1—10 日	11—20 日	21—30 日	合计	借方	贷方
应收账款		8 000		8 000		
主营业务收入			30 000	30 000		
合计		8 000	30 000			

会计主管：　　　　　　记账：　　　　　　复核：　　　　　　制证：

汇总转账凭证

贷方科目：原材料　　　　　　　201×年 5 月　　　　　　　汇转字　第 001 号

借方科目	金额				总账页数	
	1—10 日	11—20 日	21—30 日	合计	借方	贷方
生产成本		1000		1000		
管理费用			400	400		
合计		1000	400			

会计主管：　　　　　　记账：　　　　　　复核：　　　　　　制证：

2.

科目汇总表

201×年 5 月 1 日至 31 日

会计科目	账页	本期发生额		记账凭证起讫号数
		借方	贷方	
材料采购		3 000	3 000	
应付账款		2 800	3 000	
库存现金		2 000	150	
银行存款		38 000	7 550	
销售费用		2 500	0	
原材料		3 000	1 400	
应收账款		40 000	8 000	
管理费用		800	0	
生产成本		1 000	0	
主营业务收入		0	70 000	
合计		93 100	93 100	

五、案例分析

提示：结合汇总记账凭证账务处理程序的优缺点及适用范围进行分析，同时考虑公司现在的规模、业务量，是否有其他适合的账务处理程序。

六、思考题　（略）

第十二章

会 计 循 环

一、重要名词

会计循环　经济业务　会计分录　过账(登记账簿)　试算平衡表　权责发生制　收付实现制　调账　实账户　虚账户　结账　账结法　表结法　财务报表　实收资本　资本公积　短期负债　长期负债　固定资产

二、选择题（包括单选和多选）

1. 对于每一笔经济业务，需要分析的具体问题包括（　　）。
   A. 被影响的要素通过什么会计账户反映
   B. 影响的方向是增加还是减少
   C. 该业务影响哪些会计要素
   D. 影响的金额是多少

2. 会计账户借贷两方，哪一方登记增加数，哪一方登记减少数，取决于（　　）。
   A. 记账方法　　　　　　　　B. 账户的级次
   C. 账户的类型　　　　　　　D. 所记录的经济业务内容

3. 账户的借方表示（　　）。
   A. 资产增加　　　　　　　　B. 负债减少
   C. 收入减少　　　　　　　　D. 费用增加

4. 下列记账错误可以通过试算平衡发现的有（　　）。
   A. 漏记经济业务　　　　　　B. 借贷方向颠倒
   C. 重记经济业务　　　　　　D. 借贷金额不等

5. 企业在会计期间终了时所需调整的账项一般有以下几类：（　　）。
   A. 应计费用的调整　　　　　B. 预付费用的调整
   C. 预收收入的调整　　　　　D. 应计收入的调整

6. 下列属于虚账户的有（　　）。
   A. 销售费用　　　　　　　　B. 营业外支出
   C. 生产成本　　　　　　　　D. 主营业务成本

7. 下列属于实账户的有（　　）。
   A. 本年利润　　　　　　　　B. 预收账款
   C. 预付账款　　　　　　　　D. 未分配利润

8. 现金流量表是从以下（　　）方面来说明企业现金的变化。
   A. 经营活动　　　　　　　　B. 投资活动
   C. 筹资活动　　　　　　　　D. 经营成果
9. 购买的原材料，当其验收入库后，其实际成本在（　　）账户核算。
   A. 材料采购　　　　　　　　B. 原材料
   C. 库存商品　　　　　　　　D. 产成品
10. 车间管理人员福利费应该计入（　　）账户。
    A. 管理费用　　　　　　　　B. 制造费用
    C. 生产成本　　　　　　　　D. 销售费用
11. 与"本年利润"账户的贷方对应的账户是（　　）。
    A. 管理费用　　　　　　　　B. 应交税费
    C. 应付职工薪酬　　　　　　D. 主营业务收入
12. 下列项目中，不属于管理费用的是（　　）。
    A. 厂部耗用材料　　　　　　B. 厂部管理人员工资
    C. 车间管理人员工资　　　　D. 厂部办公用房的租金
13. 年末结转后，"利润分配"账户的贷方余额表示（　　）。
    A. 利润实现额　　　　　　　B. 利润分配额
    C. 未分配利润　　　　　　　D. 未弥补亏损
14. 下列各项目中，应计入"制造费用"账户的是（　　）。
    A. 生产产品耗用的材料　　　B. 生产用机器设备的折旧费
    C. 生产工人的工资　　　　　D. 行政管理人员的工资
15. "期间费用"账户期末应（　　）。
    A. 有借方余额
    B. 有贷方余额
    C. 有时在借方、有时在贷方出现余额
    D. 无余额
16. 企业计算应交所得税时，应借记的科目是（　　）。
    A. 利润分配　　　　　　　　B. 所得税费用
    C. 应交税费　　　　　　　　D. 营业税金及附加
17. 下列支出应当在"营业外支出"账户中核算的有（　　）。
    A. 固定资产盘亏损失　　　　B. 销售材料的成本
    C. 处理固定资产净损失　　　D. 支付的包装物押金
18. 计提固定资产折旧时，与"累计折旧"账户相对应的账户为（　　）。
    A. 生产成本　　　　　　　　B. 制造费用
    C. 管理费用　　　　　　　　D. 应付账款
19. 根据权责发生制原则，下列各项属于本年度收入的有（　　）。
    A. 收到上年度所销售产品的货款
    B. 本年度出租厂房，租金已于上年预收
    C. 上年度已预收货款，本年度发出产品
    D. 本年度销售产品一批，货款下年初结算
20. 下列项目中不属于产品直接生产费用的是（　　）。
    A. 支付给生产工人的工资

B. 车间设备发生的修理费
C. 为生产产品耗用的原材料
D. 支付给生产工人的福利费

21. 不应计入产品成本的费用是（　　）。
    A. 制造费用　　　　　　　B. 管理费用
    C. 直接材料费用　　　　　D. 直接人工费用
22. "营业税金及附加"账户借方登记的内容有（　　）。
    A. 增值税　　　　　　　　B. 所得税
    C. 消费税　　　　　　　　D. 资源税
23. 影响企业存货入账价值的因素主要有（　　）。
    A. 购货价格　　　　　　　B. 购货费用
    C. 制造费用　　　　　　　D. 管理费用
24. 对于工业企业来说，下列属于其他业务收入的是（　　）。
    A. 销售产品收入　　　　　B. 材料销售收入
    C. 技术转让收入　　　　　D. 罚款收入

三、判断题

1. 一个企业对在一定会计期间内发生的经济业务进行记录时，必须经过分析经济业务、编制会计分录、过账、试算、调整、结账和编表等一系列会计程序。（　　）
2. 经济业务是指发生在主体与主体之间，导致企业资产、负债、所有者权益、收入、费用、利润等会计要素发生增减变化的企业各类经济活动。（　　）
3. 试算平衡表借贷余额相等，就说明不存在任何会计处理错误。（　　）
4. 用借贷记账法记录任何一笔经济业务都必须在两个或两个以上的账户中一个记增项另一个记减项。（　　）
5. 在借贷记账法的账户余额平衡中，借方和贷方分别表示两类性质的账户。（　　）
6. 权责发生制与收付实现制就是因为会计分期而产生的。（　　）
7. 权责发生制是以权利或义务的发生与否为标准来确认收入与费用的，而本期现金的收支又是判断权利或义务发生与否的基本前提。（　　）
8. 虚账户又称"临时性账户"，在每个会计期末要将这些账户金额全部予以结清。设置虚账户的目的是为了计算一个期间的损益结果。（　　）
9. 从长期观点看，权责发生制与收付实现制下所计算的会计净利润是相等的。（　　）
10. 期末结账时，对虚账户，要求结出期末余额，并将其转入下一个会计期间。（　　）
11. 损益类账户月末结账后，借方与贷方发生额一定相等。（　　）
12. 财务成果的汇总是通过设置"本年利润"账户来核算的。（　　）
13. 最基本的财务报表包括资产负债表、利润表和现金流量表。（　　）
14. 企业材料采购的买价和费用，在期末应全部转入"本年利润"账户的借方。（　　）
15. 车间领用一般性消耗的材料，在会计处理上应属于增加管理费用。（　　）
16. 产品售出、货款未收，在会计处理上应借记"其他应收款"账户；贷记"主营业务收入"账户。（　　）

17. 固定资产因磨损而减少的价值被称为损耗。（   ）
18. 财务费用是一种期间费用，按期归集，期末全部转入"本年利润"账户。（   ）
19. 成本是以产品为对象进行归集的资金耗费。（   ）
20. 为了核算企业销售产品过程中所发生的各种费用，应设置"差旅费"账户。（   ）
21. 企业的筹集资金业务包括接受外单位或个人捐赠资产。（   ）
22. "管理费用"账户的借方发生额，应于期末采用一定的方法计入产品成本。（   ）
23. 若投资者投入旧的设备，则应以现行市价和税金作为原价，借记"固定资产"账户，贷记"实收资本"账户。（   ）
24. 固定资产的安装成本属于在建工程，不应计入固定资产的原始价值。（   ）
25. "应付账款"与"预付账款"账户都应按供应单位名称分别设置明细账。（   ）

四、练习题

1. 某商贸公司 2010 年末各分类账的余额如下：

账户名称	借方金额	贷方金额
库存现金	1 550	
银行存款	386 920	
应收账款	30 000	
库存商品	50 000	
预付账款	60 000	
固定资产	28 500	
应付账款		35 000
实收资本		500 000
未分配利润		21 970
合计	556 970	556 970

2011 年 1 月份该公司发生如下业务：

（1）向银行借入一笔两年期归还的贷款 300 000 元。
（2）购买一库房作为仓库使用，首付 500 000 元已通过银行转账，另外 450 000 元分 5 年还清。
（3）本月购买各类商品 150 000 元，其中 100 000 元以银行存款支付，余款暂欠。
（4）借入一笔短期借款 50 000 元，其中 30 000 元用于支付上月所欠货款。
（5）A 公司订购某型号打印机 3 台，商店暂无此型号打印机，预收 4500 元现金。
（6）本月共销售各类商品 300 000 元，其中 50 000 元货款预计下月收回。
（7）收回上月货款 30 000 元。
（8）以现金支付本月零星办公费用 500 元。
（9）本月销售商品成本为 180 000 元。

（10）分配本月应支付的工资费用6000元，其中行政管理人员工资4000元，销售人员工资2000元。

（11）支付本月应付工资4500元。

（12）支付本月保险、水电费2120元。

要求：

（1）根据上述经济业务编制会计分录；

（2）开设T形账户，将会计分录过入各相应账户并计算各账户的本期发生额和实账户的期末余额；

（3）编制试算平衡表。

2. 某公司×年12月份发生如下经济业务：

（1）2日，销售甲产品59件给A公司，每件售价1900元，增值税19 057元，代垫运费3000元，货款与代垫运费尚未收到。

（2）3日，销售乙产品120件给B公司，每件售价340元，增值税销项税额6936元，货款已通过银行收讫。

（3）4日，预收C公司货款100 000元。

（4）5日，让售A材料600千克，每千克70元，增值税7140元，款项已通过银行收讫。

（5）8日，收到2日销售给A公司的甲产品货款与运费。

（6）10日，根据合同，向C公司发出乙产品220件，每件售价340元，增值税12 716元，货款冲减4日的预收款后余额退回。

（7）15日，以银行存款向当地的养老院捐赠10 000元。

（8）21日，收到包装公司的账单，本月销售产品共发生了包装费6000元，以银行存款支付。

（9）22日，以银行存款支付给报社广告费7000元。

（10）30日，结转销售产品的成本，其中甲产品每件成本1100元，乙产品每件成本140元。

（11）30日，结转让售A材料成本，每千克A材料成本35元。

（12）计算应缴城市维护建设税2120元，其中产品销售应缴纳的城建税为1800元，材料销售应缴纳的城建税为320元。

（13）结转本月所有的收入、成本与费用至"本年利润"账户。

（14）按利润总额的25%计算应缴所得税。

（15）按税后利润的10%计提盈余公积。

（16）将缴纳所得税费用及提取盈余公积后的利润的30%作为应付给投资者的利润。

（17）将本年利润转入利润分配。

（18）结转利润分配的明细账。

要求：根据上述资料编制会计分录。

五、案例分析

现有4家投资者决定合股投资500万元经营一家商店，主要经营家用电器、服装和百货商品，并开一家快餐店，已租入一栋四层楼房：一楼经营家用电器，二楼经营服装，三楼经营百货，四楼经营快餐。现已办妥一切开业手续。

要求：根据以下资料对该公司进行初步的会计制度设计，即设计其会计科目。

（1）除 4 家合股投资者外，还准备向银行贷款和吸收他人的投资，但他人投资不作为股份，只作为长期应付款，按高于同期银行存款利率的 15% 付息。
（2）商场和快餐店均需要重新装修才能营业。
（3）需要购入货架、柜台、音箱设备、桌椅、收银机等设备，还需要购入运输汽车一辆。
（4）房屋按月交租金。
（5）快餐店业务作为附营业务处理。
（6）商场购销活动中，库存商品按售价记账，可以赊购赊销。
（7）公司要求管理费用等共同费用应在商场和快餐店之间进行分摊。
（8）雇佣店员若干人，每月按计时工资计发报酬，奖金视销售情况而定。
（9）公司按规定缴纳企业所得税、营业税，税率按国家规定执行。
（10）利润按商场和快餐店分别计算，税后利润按规定提取公积金。
（11）购进商品的包装物卖给废品公司。

六、思考题

1. 什么是试算平衡表？为什么要编制试算平衡表？
2. 权责发生制和收付实现制在对收入和费用进行确认时各采用什么标准？
3. 制造业企业的主要经济业务内容包括哪些？
4. 材料采购成本由哪些项目组成？
5. 资本公积的主要用途是什么？来源有哪些？
6. 企业的利润总额由哪些项目组成？如何计算企业的净利润？
7. 通过本章的学习，你认为制造业企业主要经济业务核算的重点和难点在哪里？

第十二章　参考答案

一、重要名词　（略）

二、选择题

1.ABC　2.C　3.ABCD　4.D　5.ABCD　6.ABD　7.BCD　8.ABC　9.B　10.B　11.D　12.C　13.C　14.B　15.D　16.B　17.AC　18.BC　19.BCD　20.B　21.B　22.CD　23.ABC　24.BC

三、判断题

1.√　2.×　3.×　4.×　5.×　6.√　7.×　8.√　9.√　10.×　11.√　12.√　13.√　14.×　15.×　16.×　17.×　18.√　19.√　20.×　21.×　22.×　23.×　24.×　25.√

四、练习题

1. 会计分录：
(1)借：银行存款　　　　　300 000　　　　(7)借：银行存款　　　　　30 000

第十二章 会计循环

```
        贷：长期借款        300 000              贷：应收账款         30 000
(2)借：固定资产      950 000        (8)借：管理费用           500
        贷：银行存款        500 000              贷：库存现金            500
            长期应付款      450 000        (9)借：主营业务成本    180 000
(3)借：库存商品      150 000              贷：库存商品        180 000
        贷：银行存款        100 000       (10)借：管理费用          4000
            应付账款         50 000              销售费用         2000
(4)借：银行存款       20 000              贷：应付职工薪酬       6000
        应付账款         30 000        (11)借：应付职工薪酬       4500
        贷：短期借款         50 000              贷：银行存款         4500
(5)借：库存现金        4500        (12)借：管理费用          2120
        贷：预收帐款         4500              贷：银行存款         2120
(6)借：银行存款      250 000
        应收账款         50 000
        贷：主营业务收入    300 000
```

登记账户：

银行存款					应付账款			
期初	386 920						期初	35 000
(1)	300 000	(2)	500 000		(4)	30 000	(3)	50 000
(4)	20 000	(3)	100 000		本期	30 000	本期	50 000
(6)	250 000	(11)	4 500				期末	55 000
(7)	30 000	(12)	2 120					
发生额	600 000	发生额	606 620					
期末	380300							

库存商品					主营业务成本	
期初	50 000				(9)	180 000
(3)	150 000	(9)	180 000		本期	180 000
本期	150 000	本期	180 000			
期末	20 000					

管理费用			库存现金			
(8)	500		期初	1550		
(10)	4000		(5)	4500	(8)	500
(12)	2120		本期	4500	本期	500
本期	6620		期末	5550		

销售费用			主营业务收入	
(10)	2000		(6)	300 000
本期	2000		本期	300 000

固定资产

期初	28 500	
(2)	950 000	
本期	950 000	
期末	978 500	

预收帐款

		期初 0
		(5) 4500
		本期 4500
		期末 4500

长期应付款

	期初	0
	(2)	450 000
	本期	450 000
	期末	450 000

应收账款

期初	30 000			
(6)	50 000	(7)	30 000	
本期	50 000	本期	30 000	
期末	50 000			

应付职工薪酬

(11)	4500	(10)	6000	
本期	4500	本期	6000	
		期末	1500	

短期借款

	期初	0
	(4)	50 000
	本期	50 000
	期末	50 000

长期借款

	期初	0
	(1)	300 000
	本期	300 000
	期末	300 000

总分类账户本期发生额及余额试算平衡表

(单位：元)

账户名称	期初余额 借方	期初余额 贷方	本期发生额 借方	本期发生额 贷方	期末余额 借方	期末余额 贷方
库存现金	1 550		4 500	500	5 550	
银行存款	386 920		600 000	606 620	380 300	
应收账款	30 000		50 000	30 000	50 000	
库存商品	50 000		150 000	180 000	20 000	
预付账款	60 000				60 000	
固定资产	28 500		950 000		978 500	
短期借款				50 000		50 000
应付账款		35 000	30 000	50 000		55 000
预收帐款				4 500		4 500
应付职工薪酬			4 500	6 000		1 500
长期应付款				450 000		450 000
长期借款				300 000		300 000

续表

账户名称	期初余额 借方	期初余额 贷方	本期发生额 借方	本期发生额 贷方	期末余额 借方	期末余额 贷方
实收资本		500 000				500 000
主营业务收入				300 000		300 000
主营业务成本			180 000		180 000	
销售费用			2 000		2 000	
管理费用			6 620		6 620	
未分配利润		21 970				21 970
合计	556 970	556 970	1 977 620	1 977 620	1 682 970	1 682 970

2. (1) 借：应收账款——A 公司   134 157
   贷：主营业务收入   112 100
    应交税费——应交增值税——销项税   19 057
    银行存款   3 000

(2) 借：银行存款   47 736
   贷：主营业务收入   40 800
    应交税费——应交增值税——销项税   6 936

(3) 借：银行存款   100 000
   贷：预收帐款——C 公司   100 000

(4) 借：银行存款   49 140
   贷：其他业务收入   42 000
    应交税费——应交增值税——销项税   7 140

(5) 借：银行存款   134 157
   贷：应收账款   134 157

(6) 借：预收帐款   100 000
   贷：主营业务收入   74 800
    应交税费——应交增值税——销项税   12 716
    银行存款   12 484

(7) 借：营业外支出   10 000
   贷：银行存款   10 000

(8) 借：销售费用   6 000
   贷：银行存款   6 000

(9) 借：销售费用   7 000
   贷：银行存款   7 000

(10) 借：主营业务成本   112 500
   贷：库存商品   112 500

(11) 借：其他业务成本   21 000
   贷：原材料   21 000

(12) 借：营业税金及附加   2 120
   贷：应交税费   2 120

⑬借：本年利润　　　　　　　158 620
　　　贷：主营业务成本　　112 500
　　　　　其他业务成本　　 21 000
　　　　　销售费用　　　　 13 000
　　　　　营业税金及附加　 2 120
　　　　　营业外支出　　　 10 000
　借：主营业务收入　　　　227 700
　　　其他业务收入　　　　 42 000
　　　贷：本年利润　　　　269 700
⑭借：所得税费用　　　　　 27 770
　　　贷：应交税费——应交所得税 27 770
　借：本年利润　　　　　　 27 770
　　　贷：所得税费用　　　 27 770
⑮借：利润分配——提取法定盈余公积 8 331
　　　贷：盈余公积　　　　　　　　　8 331
⑯借：利润分配——应付利润　22 493.70
　　　贷：应付利润　　　　　　　　　22 493.70
⑰借：本年利润　　　　　　 83 310
　　　贷：利润分配——未分配利润　83 310
⑱借：利润分配——未分配利润 30 824.70
　　　贷：利润分配——提取法定盈余公积 8 331
　　　　　　　　　——应付利润　　　　　22 493.70

五、案例分析

（1）实收资本、银行存款、长期应付款、短期借款、长期借款

（2）在建工程、银行存款

（3）固定资产、银行存款

（4）销售费用、银行存款

（5）其他业务收入、应交税费、银行存款

（6）主营业务收入、主营业务成本、库存商品、商品进销差价、应交税费、银行存款、应收账款、应付账款

（7）银行存款、管理费用、销售费用等

（8）应付职工薪酬、银行存款

（9）所得税费用、应交税费、银行存款、营业税金及附加

（10）盈余公积、利润分配

（11）包装物、其他业务收入、其他业务成本、应交税费、银行存款

六、思考题　（略）

第十三章

财务报告

一、重要名词

财务报告　财务报表　资产负债表　利润表　现金流量表　所有者权益变动表　附注　正常营业周期　单步式利润表　多步式利润表　现金　现金等价物　经营活动　投资活动　筹资活动　综合收益

二、选择题（包括单选和多选）

1. 根据我国会计准则的规定，下列属于年度财务会计报告组成部分的有（　　）。
   A. 资产负债表　　　　　　　　B. 利润表
   C. 所有者权益变动表　　　　　D. 会计报表附注
2. 年度财务会计报告应于年度终了后（　　）内对外提供。
   A. 15 日　　　　B. 30 日　　　　C. 2 个月　　　　D. 4 个月
3. 下列关于财务报告的论述中，不正确的是（　　）。
   A. 财务报告能综合、清晰明了地反映会计主体的经营状况
   B. 为加快会计报表的编制和报送进度，可以先编制会计报表，然后再对账证。
   C. 财务报告的信息使用者包括上级主管机关、投资者、债权人和内部经营管理者等。
   D. 会计报表可以按不同标准进行分类
4. 财务会计报告可以提供关于企业（　　）的信息。
   A. 劳动状况　　　　　　　　　B. 经营成果
   C. 财务状况　　　　　　　　　D. 现金流量
5. （　　）统称为中期报表。
   A. 月度报表　　　　　　　　　B. 季度报表
   C. 半年度报表　　　　　　　　D. 年度报表
6. 编制静态报表的主要依据是（　　）。
   A. 账户的期初余额　　　　　　B. 账户的贷方发生额
   C. 账户的借方发生额　　　　　D. 账户的期末余额
7. 会计报表按其编报主体的不同，可分为（　　）。
   A. 对内报表和对外报表　　　　B. 个别报表和合并报表
   C. 财务报表和费用、成本报表　D. 单位报表和汇总报表

8. 编制动态报表的主要依据是（　　）。
   A. 账户的本期发生额　　　　　B. 账户的期末余额
   C. 账户的期初余额　　　　　　D. 账户的期初和期末余额
9. 会计报表的表头部分包括以下几个要素（　　）。
   A. 表名　　　　B. 编表单位　　　　C. 编表时间
   D. 制表人　　　E. 货币计量单位
10. 资产负债表中的资产项目应按其（　　）程度的强弱顺序进行排列。
    A. 变动性　　　　　　　　　　B. 重要性
    C. 流动性　　　　　　　　　　D. 盈利性
11. 资产负债表是根据（　　）这一会计等式编制的。
    A. 资产=负债+所有者权益　　　B. 收入-成本=利润
    C. 资金占用=资金来源　　　　D. 资金占用+费用成本=资金来源+收入
12. 可以根据期末余额填制资产负债表的账户有（　　）。
    A. 应收票据　　B. 货币资金　　　　C. 坏账准备
    D. 存货　　　　E. 短期借款　　　　F. 实收资本
13. 某企业期末"应收账款"账户为借方余额 90 000 元，其所属明细账户的借方余额合计为 150 000 元，所属明细账户贷方余额合计为 60 000 元，"坏账准备"账户贷方余额 1000 元，其中对应收账款的坏账准备为 700 元。则该企业资产负债表中"应收账款"项目的期末数应是（　　）。
    A. 143 000 元　　　　　　　　B. 89 300 元
    C. 89 000 元　　　　　　　　　D. 149 300 元
14. 下列项目中，属于"存货"范围的有（　　）。
    A. 无形资产　　B. 长期待摊费用　　C. 原材料
    D. 在途物资　　E. 库存商品　　　　F. 工程物资
15. 在下列各项税金中，应在利润表中的"营业税金及附加"项目反映的是（　　）。
    A. 耕地占用税　　　　　　　　B. 土地增值税
    C. 印花税　　　　　　　　　　D. 城市维护建设税
16. 全部损益账户的本月发生额如下：营业收入 900 万元，营业成本 450 万元，营业税金及附加 75 万元，销售费用 63 万元，管理费用 42 万元，财务费用 20 万元，营业外收入 7 万元，营业外支出 6 万元，所得税费用 33 万元。则利润表中"营业利润"项目的本月数为（　　）万元。
    A. 244　　　　B. 218　　　　C. 250　　　　D. 251
17. 现金流量表中的现金等价物应同时具备下列条件（　　）。
    A. 流动性强　　　　　　　　　B. 期限短
    C. 易于转变为现金　　　　　　D. 价值变动风险小
18. 下列各项，属于现金流量表中现金及现金等价物的有（　　）。
    A. 其他货币资金　　　　　　　B. 随时用于支付的银行存款
    C. 3 个月内到期的可交易债券投资　D. 应收账款
    E. 库存现金　　　　　　　　　F. 应收利息
19. 下列属于现金流量表中的现金项目有（　　）。
    A. 持有的 3 年期，且将在 3 个月内到期的国库券
    B. 银行汇票

C. 银行承兑汇票
D. 已从市场购进的将在 3 个月内到期的国库券

20. 下列属于"投资活动现金流量"的是（   ）。
    A. 向股东分配现金股利 1200 元
    B. 取得短期借款 5800 元存入银行
    C. 销售商品 10 530 元，款项存入银行
    D. 用存款购买机器一台 4500 元

21. 下列属于经营活动项目的有（   ）。
    A. 支付借款利息   B. 销售收到的增值税销项税
    C. 支付所得税   D. 收回前期应收账款

22. 下列关于所有者权益变动表说法正确的是（   ）。
    A. 以矩阵的形式列报
    B. 全面反映了一定时期所有者权益变动的情况
    C. 一定程度上体现了企业的净利润、直接计入所有者权益的利得和损失
    D. 表内"上年金额"应根据上年度所有者权益变动表"本年金额"填列

23. 下列属于筹资活动的项目有（   ）。
    A. 归还借款   B. 在建工程中的利息支出
    C. 支付现金股利   D. 国债利息收入

24. 下列各项中包含在会计报表附注中的有（   ）。
    A. 所采用的主要会计处理方法
    B. 会计处理方法的变更情况、变更原因以及对财务状况和经营成果的影响。
    C. 非经常性项目的说明
    D. 会计报表中有关项目的明细资料

25. 在企业与关联方发生交易的情况下，企业应当在会计报表附注中披露（   ）。
    A. 关联方关系的性质   B. 交易的类型
    C. 交易金额   D. 未结算项目的金额或相应比例

26. 企业购买股票时，实际支付的价款中包含的已宣告但尚未领取的现金股利，应在（   ）项目中反映。
    A. "投资所支付的现金"
    B. "收到的其他与投资活动有关的现金"
    C. "支付的其他与投资活动有关的现金"
    D. "收回投资所收到的现金"

三、判断题

1. 半年度财务会计报告应于半年度终了后的 2 个月内报出。（   ）
2. 在我国，对外会计报表的种类、格式、指标内容和编报时间等，都是由国家统一的会计制度予以规定的。（   ）
3. 资产负债表是反映企业某一段时间的财务状况的会计报表。（   ）
4. "预付账款"科目所属各明细科目期末有贷方余额的，应在资产负债表"应收账款"项目内填列。（   ）
5. 应付账款等有些流动负债虽然属于企业正常营业周期中使用的营运资金的一部分，但是如果这些项目在资产负债表日后超过一年才到期清偿，则它们不应该划入流动

负债。（　　）

6. 经营活动、投资活动、筹资活动所产生的现金流量，既可以通过直接法，也可以通过间接法编制。（　　）

7. 一个正常营业周期都是短于一年的。（　　）

8. 在任何情况下，"预收款项"项目都是根据"应收账款"、"预收账款"账户的明细账计算填列的。（　　）

9. 利润表也是依据"资产=负债+所有者权益"恒等式来设计的。（　　）

10. 现金流量表中的"现金"即为货币资金。（　　）

11. 通常，利润表的各项目只需填列"本年累计数"即可。（　　）

12. "债务转为资本"项目应在现金流量表的补充资料中填列。（　　）

13. 偿付应付账款属于筹资活动中的现金流出。（　　）

14. 中期资产负债表、利润表和现金流量表相对于年度财务报表来说，可以适当简略。（　　）

15. 在一年内到期的长期负债应属于流动负债项目。（　　）

16. 报告式资产负债表是左右结构。（　　）

17. 企业往往通过编制与提供现金流量表来弥补权责发生制的不足。（　　）

18. 所有者权益变动表在一定程度上体现了企业综合收益。这里，综合收益指的是企业在某一期间进行交易所引起的净资产的变动。（　　）

19. 披露会计政策是会计报表附注的主要内容之一。（　　）

20. 企业应在会计报表附注中详细说明企业的盈亏情况和利润分配情况。（　　）

四、练习题

1. 练习编制资产负债表。

资料：某企业201×年12月31日各账户余额如下表所示。

表13-1　　　　　　　　　　　　　　　　　　　　　　　　（单位：元）

账户名称	借方金额	账户名称	贷方金额
库存现金	1 500	短期借款	650 000
银行存款	234 000	应付账款	130 000
其他货币资金	5 000	其他应付款	35 000
交易性金融资产	102 000	应付职工薪酬	60 000
应收账款	260 000	应交税费	121 710
其他应收款	8 500	累计折旧	85 000
库存商品	2 011 000	应付股利	120 000
原材料	250 000	长期借款	110 000
包装物	50 000	实收资本	2 000 000
长期待摊费用	7 500	资本公积	45 000
长期股权投资	210 000	盈余公积	320 000
固定资产	550 000	未分配利润	12 790
合计	3 689 500	合计	3 689 500

要求：根据上述资料编制资产负债表（只需填制期末余额）。

2. 练习编制利润表。

资料：某企业201×年各损益账户累计余额有："主营业务收入"1 220 000元，"主营业务成本"850 000元，"其他业务收入"42 000元，"其他业务成本"32 000元，"营业税金及附加"65 000元，"销售费用"15 000元，"管理费用"20 300元，"财务费用"6500元，"营业外收入"900元，"营业外支出"5300元，"投资收益"30 000元。

要求：根据上述资料编制利润表。

3. 练习编制现金流量表。

资料：某公司201×年期末有关账户的收支和结存情况如下。

（1）本期收到主营业务收入现金2 200 000元，支付客户退货的现金50 000元。

（2）收到返还的增值税、消费税共80 000元。

（3）本期购入材料支付现金250 000元。

（4）本期支付给职工的工资、奖金共80 000元。

（5）本期向税务部门缴纳所得税200 000元，增值税260 000元。

（6）本期经营租赁资产收到的现金共120 000万元。

（7）支付与经营活动有关的业务招待费100 000元，罚款支出50 000元。

（8）本期收到某项债权到期本金250 000元，债券利息70 000元，存入银行。

（9）本期出售一台旧设备，收到现金280 000元（设备原值500 000元，已提折旧300 000元）。

（10）本期购买两台新的设备，支付现金230 000元（含增值税）。

（11）本期向银行借入长期借款，收到现金300 000元。

（12）本期偿还企业到期的债券本金90 000万元，同时支付利息14 000元。

（13）本期融资租赁支付现金100 000元。

要求：根据上述资料编制现金流量表。

五、案例分析

张老板有一家私营小型工厂，员工100多人，专门为汽车生产厂家生产零配件，生意红火。不过，工厂没有设置会计机构，也没有配备会计人员，因为张老板认为工厂的经营状况都在自己的脑子里。最近，有朋友建议张老板建立规范的账务体系，以便完整地了解工厂的财务状况和经营成果。张老板很不以为然，他认为，每年赚多少钱自己很清楚，工厂的经营状况心里也有数，没有必要请会计来做账。张老板是怎么计算每年赚取的利润的呢？他的方法是：（自己的银行存折年末数–年初数）+（人欠我货款的年末数–年初数）–（我欠人货款的年末数–年初数）。你认为张老板有必要采纳朋友关于聘请会计人员的建议吗？如有必要，你会如何说服张老板建立起规范的账务核算体系？

六、思考题

1. 通过资产负债表你能获取什么信息？对你的决策有何帮助？
2. 你认为利润表与现金流量表哪一个更有用？为什么？
3. 请自行上网搜索一家上市公司的年报，阅读报表和报表附注的内容，指出哪些你能看懂，哪些看不懂。
4. 你认为要看懂整份年报，还需要掌握哪些知识？

第十三章 参考答案

一、重要名词　（略）

二、选择题

1.ABCD　2.D　3.B　4.BCD　5.ABC　6.D　7.B　8.A　9.ABCE　10.C　11.A
12.AEF　13.D　14.CDE　15.D　16.C　17.ABCD　18.ABCE　19.BD　20.D
21.BCD　22.ABCD　23.ABC　24.ABCD　25.ABCD　26.C

三、判断题

1. √　2. √　3. ×　4. ×　5. ×　6. ×　7. ×　8. ×　9. ×　10. ×　11. ×　12. √　13. ×
14. ×　15. √　16. ×　17. √　18. ×　19. √　20. ×

四、练习题

1.

资产负债表（简表）

201×年12月31日　　　　　　　　　　　　　　　　　　　　（单位：元）

资产	期末余额	负债及所有者权益	
流动资产：		流动负债：	
货币资金	240 500	短期借款	650 000
交易性金融资产	102 000	应付账款	130 000
应收账款	260 000	其他应付款	35 000
其他应收款	8 500	应付职工薪酬	60 000
存货	2 311 000	应交税费	121 710
流动资产合计	2 922 000	应付股利	120 000
非流动资产：		流动负债合计	1 116 710
长期股权投资	210 000	非流动负债：	
长期待摊费用	7 500	长期借款	110 000
固定资产	465 000	非流动负债合计	110 000
非流动资产合计	682 500	负债合计	1 226 710
		所有者权益：	
		实收资本	2 000 000
		资本公积	45 000
		盈余公积	320 000
		未分配利润	12 790
		所有者权益合计	2 377 790
资产总计	3 604 500	负债及所有者权益总计	3 604 500

2. 利润表（简表）

201×年 （单位：元）

项目	本期金额	上期金额
一、营业收入	1 262 000	（略）
减：营业成本	882 000	
营业税金及附加	65 000	
销售费用	15 000	
管理费用	20 300	
财务费用	6 500	
加：投资收益	30 000	
二、营业利润	303 200	
加：营业外收入	900	
减：营业外支出	5 300	
三、利润总额	298 800	
减：所得税费用	74 700	
四、净利润	224 100	
五、每股收益		
（一）基本每股收益		
（二）稀释每股收益		

3. 现金流量表（简表）

201×年 （单位：元）

项目	本期金额	上期金额
一、经营活动产生的现金流量：		（略）
销售商品、提供劳务收到的现金	2 150 000	
收到的税费返还	80 000	
收到的其他与经营活动有关的现金	120 000	
经营活动现金流入小计	2 350 000	
购买商品、接受劳务支付的现金	250 000	
支付给职工以及为职工支付的现金	80 000	
支付的各项税费	460 000	
支付的其他与经营活动有关的现金	150 000	
经营活动现金流出小计	940 000	
经营活动产生的现金流量净额	1 410 000	
二、投资活动产生的现金流量：		
收回投资收到的现金	250 000	
取得投资收益收到的现金	70 000	
处置固定资产、无形资产和其他长期资产收回的现金净额	280 000	
处置子公司及其他营业单位收到的现金净额	0	

续表

项目	本期金额	上期金额
收到的其他与投资活动有关的现金	0	
投资活动现金流入小计	600 000	
购建固定资产、无形资产和其他长期资产所支付的现金	230 000	
投资支付的现金	0	
取得子公司及其他营业单位支付的现金净额	0	
支付的其他与投资活动有关的现金	0	
投资活动现金流出小计	230 000	
投资活动产生的现金流量净额	370 000	
三、筹资活动产生的现金流量：		
吸收投资收到的现金	0	
取得借款收到的现金	300 000	
收到其他与筹资活动有关的现金	0	
筹资活动现金流入小计	300 000	
偿还债务支付的现金	90 000	
分配股利、利润或偿付利息支付的现金	14 000	
支付的其他与筹资活动有关的现金	100 000	
筹资活动现金流出小计	204 000	
筹资活动产生的现金流量净额	96 000	
四、汇率变动对现金及现金等价物的影响		
五、现金及现金等价物净增加额	1 876 000	
补充资料（略）		

五、案例分析

提示：从工厂规模、设置、未来发展与现有体系的矛盾、规范的账务体系的优缺点等方面来考虑是否聘请会计人员以及如何说服张老板建立规范的账务体系。

六、思考题　（略）

第十四章

会计信息的分析与利用

一、重要名词

财务分析　静态分析　流动比率　速动比率　存货流动负债比率　净营运资金　现金流动负债比率　现金负债比率　存货周转率　应收账款周转率　流动资产周转率　总资产周转率　资本充足率　债务资本比率　负债比率　净利润率　资本收益率　资产收益率　趋势分析　同行业比较分析

二、选择题（包括单选和多选）

1. 财务报表的使用者一般包括（　　）。
   A. 投资人　　　　　　　　B. 债权人
   C. 政府　　　　　　　　　D. 社会公众
2. 从经营者的立场看，企业（　　）。
   A. 应当尽可能多借债　　　B. 应当适度举债
   C. 应当不借债　　　　　　D. 应当尽可能少借债
3. 下列各项中，能引起总资产收益率下降的是（　　）。
   A. 提高售价　　　　　　　B. 购入大型设备
   C. 降低单位产品成本　　　D. 减少负债
4. 如果流动比率大于1，则下列结论成立的是（　　）。
   A. 速动比率大于1　　　　B. 净营运资金大于0
   C. 短期偿债能力绝对有保障　D. 现金流动负债比率大于1
5. 在计算速动资产时，之所以要扣除存货等项目，是由于（　　）。
   A. 这些项目变现能力较差　B. 这些项目价值变动较大
   C. 这些项目质量难以保证　D. 这些项目数量不易确定
6. 在企业流动资产周转率为1.6时，会引起该指标下降的经济业务是（　　）。
   A. 归还一笔短期借款　　　B. 用银行存款支付一年的电话费
   C. 用银行存款购入一台设备　D. 借入一笔短期借款
7. 一般认为，生产企业合理的流动比率为（　　）。
   A. 1∶1　　　B. 1.5∶1　　　C. 2∶1　　　D. 3∶1
8. 一般可作为速动资产的有（　　）。
   A. 现金　　　　　　　　　B. 无形资产

C. 应收票据　　　　　　　　　D. 存货
　9. 反映资产营运能力的指标是（　　）。
　　A. 应收账款周转率　　　　　　B. 流动比率
　　C. 负债比率　　　　　　　　　D. 速动比率
　10. 某企业实收资本为 1000 万元，年初未分配利润为 600 万元，报告期实现净利润 200 万元。如果该企业没有其他事项，其资本收益率为（　　）。
　　A. 11.1%　　　B. 20%　　　C. 40%　　　D. 50%
　11. 下列各项中，反映企业偿债能力的指标是（　　）。
　　A. 应收账款周转率　　　　　　B. 存货周转率
　　C. 资本收益率　　　　　　　　D. 资产负债率
　12. 已知某企业的负债与所有者权益的比率为 40%，负债总额为 6000 万元。该企业的资产负债率为（　　）。
　　A. 71.43%　　　B. 60%　　　C. 40%　　　D. 28.57%
　13. 下列指标中，用来评价企业盈利能力的指标有（　　）。
　　A. 资产负债率　　　　　　　　B. 资本收益率
　　C. 净利润率　　　　　　　　　D. 资产收益率
　14. 下列各项中，影响资本收益率的因素有（　　）。
　　A. 净利润　　　　　　　　　　B. 营业外收入
　　C. 所有者权益　　　　　　　　D. 所得税费用
　15. 影响存货周转率指标的因素有（　　）。
　　A. 报告年度的营业成本　　　　B. 年初存货
　　C. 年末存货　　　　　　　　　D. 年初资产总额
　16. 某企业年初资产总额为 23 000 万元，年末资产总额为 27 000 万元，报告年度的营业收入为 12 000 万元。如果不考虑其他因素的影响，该企业的资产周转率为（　　）。
　　A. 0.52　　　B. 0.48　　　C. 0.44　　　D. 0.24

三、判断题

　1. 财务报告的目的是向财务报告使用者提供对决策有用的信息，并反映企业管理层受托责任的履行情况。（　　）
　2. 公司债权人通过财务报告分析了解公司的经营管理状况、财务状况、盈利水平、资本结构、资本的保值增值情况以及资产流动性等方面的信息。（　　）
　3. 财务报表分析有三种基本方法，包括动态分析、趋势分析和同行业比较。（　　）
　4. 资产负债表是根据权责发生制基础编制的反映企业财务状况的会计报表。（　　）
　5. 编制会计报表是会计工作的最终环节，报表报出后，会计工作就已结束。（　　）
　6. 速动比率是评价企业营运能力的指标。（　　）
　7. 报表分析是报表编制工作的继续。（　　）
　8. 应收账款周转率过高或过低对企业可能都不利。（　　）
　9. 影响速动比率可信度的重要性因素是存货的变现能力。（　　）
　10. 资产负债率越高，债权人款项的安全程度越高。（　　）

11. 应收账款周转率是评价企业偿债能力的指标。   （   ）
12. 流动比率越大，说明企业的短期偿债能力越强。   （   ）
13. 在流动比率一定的情况下，存货流动负债比率越小，企业资产的流动性越好，流动比率的质量越低。   （   ）
14. 净营运资金越多，企业偿还短期债务的可能性越大。   （   ）
15. 现金负债比率是货币资金与流动性负债总额之比。   （   ）
16. 存货周转速度越快，存货的占用水平越低，流动性越强，存货转换为现金或应收账款的速度越快。   （   ）
17. 资本收益率可以评估企业的管理效率和盈利能力，若企业的资本收益率低于同期国债收益率，则说明该企业的管理效率和盈利能力过低。   （   ）
18. 同行业比较分析是指对一家公司不同时期或时点的财务数据和财务指标进行分析、比较，以判断一个公司的财务状况和经营业绩的演变趋势。（   ）

四、练习题

1. 某企业201×年度有关数据资料如下：

金额单位：万元

(1)流动资产	250	(6)负债总额	175
(2)流动负债	120	(7)销售成本	1750
(3)速动资产	125	(8)平均存货	138
(4)资产总额	375	(9)利润额	90
(5)销售收入	2000	(10)实收资本	200

要求：计算下列指标。
①流动比率
②速动比率
③资产负债率
④流动资产周转率
⑤资本收益率
⑥净利润率

五、案例分析

1. 某公司×年度 财务报表的主要资料见下列表格：

资产负债表

×年12月31日   （单位：万元）

资产		负债及所有者权益	
项目	金额	项目	金额
货币资金（年初764）	310	应付账款	516
应收账款（年初1156）	1344	应付票据	336
存货（年初700）	966	其他流动负债	468
流动资产合计	2620	流动负债合计	1320
固定资产净额（年初1170）	1170	长期负债	1026
		实收资本	1444
资产总额（年初3790）	3790	负债及所有者权益总额	3790

利润表

×年　　　　　　　　　　　　　　　　　　　　　　　　（单位：万元）

项　目	金　额
营业收入	6430
营业成本	5570
毛　利	860
管理费用	580
利息费用	98
税前利润	182
所得税	72
净利润	110

要求：

(1) 计算下表中该公司的财务比率；

财务比率表

比　率	本公司	行业平均数
流动比率		1.98
资产负债率		62%
存货周转率		6次
应收账款周转率		10.28次
固定资产周转率		13次
总资产周转率		3次
净利润率		1.3%
资产收益率		3.4
资本收益率		8.3%

(2) 与行业平均财务比率比较，说明该公司经营管理可能存在的问题。

六、思考题

1. 通过本章学习你发现破灭"蓝田神话"的"秘籍"了吗？
2. 分析上市公司财务信息为什么需要进行同行业比较分析。
3. 试试看，上网搜一搜本省的上市公司，挑选一个你感兴趣的公司，分析其财务信息，并进行同行业比较，说明在当前的股价下能不能对其进行投资。

第十四章　参考答案

一、重要名词　（略）

二、选择题

1.ABCD　2.B　3.B　4.B　5.A　6.D　7.C　8.AC　9.A
10.A　11.D　12.D　13.BCD　14.AC　15.ABC　16.B

三、判断题

1. √ 2. × 3. × 4. √ 5. × 6. × 7. √ 8. √ 9. × 10. × 11. × 12. √ 13. ×
14. √ 15. × 16. √ 17. √ 18. ×

四、练习题

1. ①流动比率=250/120=2.08
   ②速动比率=125/120=1.04
   ③资产负债率=175/375=0.47
   ④流动资产周转率=2000/250=8
   ⑤资本收益率=90/200=0.45
   ⑥销售利润率=90/2000=0.045

五、案例分析

1.
(1) 财务比率表

比　　率	本公司	行业平均数
流动比率	1.98	1.98
资产负债率	61.90%	62%
存货周转率	6.69次	6次
应收账款周转率	5.14次	10.28次
固定资产周转率	5.50次	13次
总资产周转率	1.70次	3次
净利润率	1.71%	1.3%
资产收益率	2.90%	3.4
资本收益率	7.62%	8.3%

(2) 从上表数据中可以看出该公司可能存在的问题有：

应收账款管理不善，导致应收账款周转率低下，只有行业平均水平的一半；可能因为固定资产投资偏大等原因，导致固定资产周转率低下，都不到行业平均水平的一半；虽然净利润率超过行业平均水平，但是资产收益率和资本收益率都低于行业平均水平，说明销售额偏低，而且资产使用效率不高，这从固定资产周转率和总资产周转率都低于行业平均水平中也可以看出来。

六、思考题　（略）

第十五章 会 计 规 范

一、重要名词

会计规范　会计法律　会计准则　会计制度　会计职业道德　会计行政法规　会计规章　基本准则　具体会计准则　会计基础工作

二、选择题（包括单选和多选）

1. 下列关于会计规范的说法正确的是（　　）。
   A. 会计规范是行为标准和技术标准的统一
   B. 会计规范受各方利益团体的影响，协调着各方利益相关者的需求
   C. 会计规范应该提供高质量的会计信息
   D. 会计规范必须满足经济全球化与国际趋同的内在需要
2. 会计规范包括（　　）几个方面的内容。
   A. 会计法律　　　　　　　　B. 会计准则
   C. 会计制度　　　　　　　　D. 会计职业道德
3. 会计规范的制定群体可能包括（　　）。
   A. 政府部门　　　　　　　　B. 民间职业团体
   C. 理论研究者　　　　　　　D. 职业组织
4. 会计规章的制定依据是（　　）。
   A. 会计法律　　　　　　　　B. 会计准则
   C. 会计行政法规　　　　　　D. 会计职业道德
5. 下列属于会计规章规范的是（　　）。
   A. 《企业财务会计报告条例》　B. 《企业档案管理办法》
   C. 《企业会计准则》　　　　　D. 《会计从业资格管理办法》
6. 最为常见的准则制定模式是（　　）。
   A. 官方制定模式　　　　　　B. 半官方制定模式
   C. 民间制度模式　　　　　　D. 实务界专家制定模式
7. 下列属于规则导向型会计准则的缺点的是（　　）。
   A. 过于具体，容易被相关团体所规避
   B. 可操作性不强
   C. 重形式轻实质

D. 需要较多的职业判断
8. 我国现行会计法规体系由（　　）构成。
   A. 会计法律 B. 会计行政法规
   C. 会计规章 D. 会计职业道德
9. 我国的具体会计准则一般可以分为（　　）三类。
   A. 事业会计准则 B. 一般业务准则
   C. 特殊行业的特定业务准则 D. 报告准则
10. 我国于（　　）开始实施新的《企业会计准则》。
    A. 1993年7月1日 B. 1994年7月1日
    C. 2006年1月1日 D. 2007年1月1日
11. 我国会计工作的最高规范形式是（　　）。
    A. 《企业会计准则》 B. 《中华人民共和国审计法》
    C. 《中华人民共和国会计法》 D. 《会计基础工作规范》
12. 我国《企业会计准则》的制定机构是（　　）。
    A. 中国会计学会 B. 中国注册会计师协会
    C. 中华人民共和国财政部 D. 中国人民银行总行
13. 《会计法》的立法宗旨包括（　　）。
    A. 规范会计行为
    B. 维护社会主义市场经济秩序
    C. 保证会计资料真实、完整
    D. 加强经济管理和财务管理，提高经济效益
14. 《会计法》主要规定了（　　）。
    A. 会计工作的基本目的 B. 会计管理权限
    C. 会计责任主体 D. 会计法律责任
15. 关于会计工作交接的说法正确的是（　　）。
    A. 一般会计人员交接，只需由会计主管人员负责监交
    B. 移交人员在办理移交时，要按移交清册逐项移交
    C. 会计机构负责人交接，由单位领导人负责监交，必要时可由上级主管部门派人会同监交
    D. 移交人员必须对所移交的材料的合法性、真实性负责
16. 下列属于会计基础工作的技术性规范的是（　　）。
    A. 会计工作的交接 B. 关于会计核算的一般规定
    C. 关于会计凭证的填制 D. 关于会计报表的编制
    E. 关于会计账簿的登记
17. 我国《会计法》规定，会计机构和会计人员应当按照国家统一的会计制度的规定对原始凭证认真审核，对记载不准确、不完整的会计凭证处理方法是（　　）。
    A. 予以退回，依法要求更正、补充
    B. 首先接受，然后进行认真的审查
    C. 予以接收，依法追究责任
    D. 提交给本单位负责人，会计机构和会计人员无权处理予以退回，依法要求更正、补充
18. 下列项目中属于会计行政法规的是（　　）。

A. 《中华人民共和国会计法》
B. 《企业会计准则——基本准则》
C. 《企业财务会计报告条例》
D. 《企业会计准则——应用指南》

19. 对于下列经济业务活动,依照《会计法》的规定,应当办理会计核算的有(　　)。
A. 款项和有价证券的收付
B. 债权、债务的发生和结算
C. 财务成果的计算和处理
D. 收入、支出、费用和成本的计算

20. 根据《会计基础工作规范》规定,各单位的对账工作至少(　　)应当进行一次。
A. 一年　　　　　　　　　　B. 两年
C. 三年　　　　　　　　　　D. 四年

三、判断题

1. 我国所有企业的会计核算都必须以人民币作为记账本位币。　　　　　　　　(　　)
2. 世界各国都必须遵循国际会计准则,具有强制性。　　　　　　　　　　　　(　　)
3. 国家统一的会计制度是指国务院财政部门根据《会计法》制定的关于会计核算、会计监督、会计机构和会计人员以及会计工作管理的制度。　　　　　　　　(　　)
4. 会计机构、会计人员对违反《会计法》和国家统一的会计制度的会计事项,有权拒绝办理或按职权予以纠正。　　　　　　　　　　　　　　　　　　　　　(　　)
5. 《会计法》中的法律责任主要规定了两种责任形式:一是行政责任;二是刑事责任。　　　　　　　　　　　　　　　　　　　　　　　　　　　　　　　　(　　)
6. 会计人员发现会计账簿记录与实物、款项及有关资料不相符的,应当按照国家统一会计制度的规定及时进行处理。　　　　　　　　　　　　　　　　　　(　　)
7. 《会计法》中所指的会计报表既包括单位对外提供的会计报表,也包括单位根据管理需要编制的仅供内部管理使用的会计报表。　　　　　　　　　　　　(　　)
8. 会计规范包括技术层面与行为层面的规范,其中技术层面的规范例如会计准则、会计制度等。　　　　　　　　　　　　　　　　　　　　　　　　　　　　(　　)
9. 会计准则主要是从技术角度对会计实务处理提出的要求。　　　　　　　　(　　)
10. 会计制度与会计准则一样,都具有备选方案,并不强调统一性。　　　　　(　　)
11. 《会计法》是整个会计法规体系的核心。　　　　　　　　　　　　　　　(　　)
12. 我国的会计制度侧重于确认和计量;会计准则侧重于记录和报告。　　　　(　　)
13. 会计基础工作是会计信息系统最直接的实务基础。　　　　　　　　　　　(　　)

四、案例分析

以下资料是甲公司财务部门今年涉及的一些会计处理行为:

1. 会计员老李原来是负责会计档案管理工作,离岗前与接替者小王在财务科长的监交下办妥了会计工作交接手续。年底,财政部门对该公司进行检查时,发现该公司原会计老李所记的账目中有会计作假行为,而接替者小王在会计工作交接时并未发现这一问题。财政部门在调查时,原会计老李说,已经办理会计交接手续,现任会计小王和财务科长均在移交清册上签了字,自己不再承担任何责任。

2. 某日，甲公司收到一张应由甲公司与乙公司共同负担费用支出的原始凭证，甲公司会计人员小王根据该原始凭证进行账务处理，并保存原始凭证，同时应乙公司要求，小王将该原始凭证复印件提供给乙公司用于账务处理。

3. 年终，甲公司拟销毁一批保管期满的会计档案，其中有一张未结清债务的原始凭证，会计人员小王认为只要是保管期满的会计档案就可以销毁。

根据会计法律制度的有关规定，回答下列问题：

（1）公司负责人是否要对会计作假行为承担责任？简要说明理由。

（2）原会计老李的说法是否正确？简要说明理由。

（3）小王将原始凭证复印件提供给乙公司用于账务处理的做法是否正确？简要说明理由。

（4）小王认为只要是保管期满的会计档案就可以销毁的观点是否正确？简要说明理由。

五、思考题

1. 请你谈谈会计规范产生的原因。
2. 经过本章的学习，你对我国会计规范体系有哪些新的认识？
3. 我国的会计准则体系由哪些内容构成？
4. 你对会计准则的认识如何？了解会计准则的发展和变迁。
5. 请自行查阅我国《会计法》，简要描述我国《会计法》的立法目的与基本内容。
6. 你认为《会计基础工作规范》是否重要？请自行查阅我国的《会计基础工作规范》，了解规范对企业填制凭证、登记账簿和编制财务报表有哪些具体要求。

第十五章　参考答案

一、重要名词　（略）

二、选择题

1. ABCD　2. ABCD　3. ABCD　4. AC　5. BCD　6. B　7. AC　8. ABC　9. BCD　10. D
11. C　12. C　13. ABCD　14. ABCD　15. BCD　16. BCDE　17. A　18. C　19. ABCD　20. A

三、判断题

1. ×　2. ×　3. √　4. √　5. √　6. ×　7. ×　8. √　9. √　10. ×　11. √　12. ×　13. √

四、案例

提示：

（1）公司负责人对会计作假行为应当承担责任。根据《中华人民共和国会计法》规定："单位负责人对本单位的会计工作和会计资料的真实性、完整性负责。"

（2）老李的说法不正确。根据《中华人民共和国会计法》规定，交接工作完成后，移交人员所移交的会计凭证、会计账簿、财务会计报告和其他会计资料是在其经办会计工作期间内发生的,应对这些会计资料的真实性、完整性负责,即便接替人员在交接时因疏忽没有发现所接会计资料在真实性、完整性方面的问题,如事后发现仍应由原移交人员负责,原移交人员不应以会计资料已移交而推脱责任。

(3)会计人员小王的做法不正确。根据《会计基础工作规范》的规定,一张原始凭证所列的支出需要由两个以上的单位共同负担时,应当由保存该原始凭证的单位开具原始凭证分割单给其他应负担的单位,而不是给复印件。

(4)会计人员小王的观点不正确。理由:根据《会计基础工作规范》的规定,保管期满但未结清的债权债务原始凭证,不得销毁。

五、思考题　　(略)